Marilyn Diamond

Neue Eßkultur mit SonnenKost

Marilyn Diamond

Neue Eßkultur
mit SonnenKost

Waldthausen

Titel der in den USA erschienenen Originalausgabe
»A NEW WAY OF EATING«

1. Auflage 1991

Rezeptgestaltung: Silke Krull, Worpswede
Satz und Gestaltung: Werbeagentur Langer, Ritterhude
Photos: Das Studio, Kai Schwabe, Bremen
Druck: Buchdruckwerkstätten, Hannover

ISBN 3-926453-22-2
Printed in Germany

Inhaltsverzeichnis

Vorwort

Manfred G. Langer

»Was lange währt, wird endlich gut«. Ich hoffe, ich verspreche Ihnen mit diesem Buch nicht zuviel. Tatsächlich hat es lange gedauert, die Ausgestaltung des Originalbuches »A New Way of Eating« von Marilyn Diamond mit Abbildungen vorzunehmen. Marilyn hatte sich damit einverstanden erklärt, daß wir auch einige typisch deutsche SonnenKost-Gerichte hinzufügen und das Buch mit Vierfarbabbildungen ergänzen.

Bereits in dem alle zwei Monate erscheinenden Gesundheits-Magazin der Lebenskunde e.V. wurden verschiedene Gerichte abgebildet und Anfang 1990 zusammengefaßt als kleines Büchlein unter dem Titel »Gesund werden – gesund bleiben mit SonnenKost« herausgegeben.

In ***diesem*** *Buch werden über 180 SonnenKost-Rezepte vorgestellt, also Rezepte von Rohkostgerichten,* ***aber*** *auch Rezepte für sogenannte »Übergangskost« für Neulinge sowie für Ihre Gäste. Bei Übergangskost handelt es sich auch um gekochte, gebackene Gerichte, die es dem Umstellungswilligen leichter machen, sich auf die für ihn neue Kostform einzustellen.*

Die Gerichte sind mit 1–5 Sternchen bewertet worden, so daß der Leser sofort weiß, ob er es mit reiner SonnenKost oder mit einem mehr oder weniger abgewandeltem Gericht zu tun hat.

Dieses Buch macht es Ihnen noch leichter, Ihr Eßverhalten umzustellen, so daß auch Sie bald sagen können, ich bin »Fit für´s Leben«.

Was ist GESUNDHEIT?

GESUNDHEIT ist ein synergistischer Prozeß, in dem alle menschlichen Erfahrungen des Körpers, des Gemütes und des Geistes zusammenwirken. Alles was Sie tun, wie Sie sich Ihrer Umgebung anpassen, alle Ihre körperlichen intellektuellen und psychologischen Aktivitäten, Wechselwirkungen und Reaktionen sind in steigendem Maße positiv. GESUNDHEIT ist nichts Starres. Sie ist ein sich immer weiter entwickelnder Zustand ständiger Verbesserung.

Bei richtiger Ernährung Ihres Körpers verbunden mit ausreichender Bewegung gibt es kein Übergewicht mehr, sowie keine emotionalen, intellektuellen und geistigen Blockaden. GESUNDHEIT ist Ihr Geburtsrecht. Sie sollte der Normalzustand, nicht die Ausnahme sein.

Dieses Buch wurde geschrieben, um Ihnen zu zeigen, daß es auch für Sie persönlich möglich ist, eine gute Gesundheit zu erlangen und sich auf Ihren »inneren Arzt« zu verlassen.

GESUNDHEIT bedeutet Selbstgenügsamkeit, Selbsterkenntnis und die Fähigkeit, sich individuellen Umständen jeweils so anzupassen, daß Sie Ihr Leben auf einem möglichst hohen Niveau genießen können.

Einführung

Harvey Diamond

Es gab eine Zeit, da war ich der Meinung, ich könnte nur dann eine besondere Feinschmeckermahlzeit genießen, wenn ich den Namen des Küchenchefs nicht aussprechen konnte. Eine obendrein noch **gesunde** Feinschmeckermahlzeit zu erhalten, hielt ich überhaupt nicht für möglich. *Marilyn* belehrte mich in beiden Punkten eines Besseren.

Als ich *Marilyn* kennenlernte, beherrschte sie die hohe Kunst des Kochens bereits perfekt, hatte einen großen Teil der Welt bereist und die verschiedensten »Küchen« studiert. Meine Kenntnisse bezogen sich nur auf das Essen. Da wir wußten, welch wichtige Rolle die Ernährung für die Gesundheit spielt, waren wir sehr daran interessiert, köstliche Mahlzeiten zu gestalten, die einfach in der Zubereitung und trotzdem köstlich im Geschmack waren. Außerdem sollten sie den Erfordernissen des Körpers gerecht werden und der Gesundheit dienlich sein.

Marilyn begab sich sofort an die Arbeit und produzierte mit ihrer genialen Begabung für die Küche phantastisch schmeckende Mahlzeiten, die ich zu begutachten hatte. Dem Zustand meines Glücks vergleichbar wäre nur ein Kind, das in einem Spielzeugladen alles aussuchen durfte, was es wollte.

Es fiel mir schwer, zu glauben, daß die Mahlzeiten, die ich aß, tatsächlich dazu beitrugen, meine Gesundheit und mein Gewicht zu erhalten.

Ich habe fast jedes Gericht in diesem Buch probiert, und wenn Sie das auch getan haben, werden Sie wissen, warum ich so begeistert und hingerissen bin. Wir freuen uns beide, daß wir diese Rezepte nun jedermann zur Verfügung stellen können.

Es sind wunderbare Gerichte. Sie sehen gut aus, sie riechen gut, sie schmecken gut und sie sind gut für Sie. Wer könnte dieser Kombination von Vorzügen widerstehen? Lassen Sie sich's gut schmecken!

Vorwort

Marilyn Diamond

In diesen Tagen hören wir mehr und mehr über die Gefahren bestimmter Nahrungsmittel und die Bedeutung richtiger Eßgewohnheiten, um Krankheiten zu verhüten und ein höchstmögliches Maß an Gesundheit zu erhalten. Die Menschen werden sich der Notwendigkeit, ihre Ernährungsweise zu ändern, immer mehr bewußt.

Sie fragen häufig, welche Änderungen Sie machen sollen und wie sie es machen sollen – ganz besonders im Hinblick auf so viele einander widersprechende Informationen. Ich schrieb dieses Buch schon 1980 als praktischer Begleiter zu »Der gesunde Mensch: Ein Fall für die Gesundheit«, geschrieben von meinem Mann *Harvey*. Er versuchte mit diesem Buch einander widersprechende Ernährungstheorien und ihre Auswirkung auf die Gesundheit aufzuklären. Mit meinem Buch wollte ich die Fragen der Leute beantworten, die wissen wollten, wie sie ihre Ernährung umstellen könnten. Sechs Jahre später wurden die einfachen Prinzipien, wie sie in diesem Buch dargestellt worden waren, in unser »Fit-für's-Leben«-Programm eingebaut. Viele von Ihnen, die unsere beiden Bücher »Fit für's Leben I und II« gelesen haben, sind wahrscheinlich mit diesen grundlegenden Prinzipien bereits vertraut. Wir sind jedoch der Meinung, daß bei neuen Informationen die »Wiederholung die Mutter der Perfektion« ist. Wir haben dieses Buch um viele Rezepte erweitert, besonders im Hinblick auf unsere deutschsprachigen Leser. Wir freuen uns, daß der Waldthausen Verlag von vielen Rezepten auch farbige Abbildungen angefertigt hat. Haben Sie keine Scheu, auch die Ihnen fremd erscheinenden Rezepte, die spanischen, mexikanischen, asiatischen und natürlich amerikanischen Einschlag haben, auszuprobieren. Ihre Familie und auch besonders Ihre Gäste werden begeistert sein, neue, wohlschmeckende Gerichte kennenzulernen, die dazu noch richtig zusammengestellt sind.

Uns gefällt auch die Bezeichnung »SonnenKost« für sonnengereiftes Obst und Gemüsefrüchte sowie für Sonnengemüse und -salate.

Dieses Buch enthält nicht nur reine SonnenKost, sondern auch Übergangskost für Anfänger sowie Festtagsgerichte für Ihre Gäste, die vielleicht nocht nichts von einer Ernährungsumstellung wissen wollen.

Versuchen Sie beim Lesen dieses Buches die 3 wichtigsten Ernährungsgrundsätze im Gedächtnis zu behalten. Der erste Grundsatz betont die Notwendigkeit, eine ausreichende Menge wasserhaltiger Nahrung zu essen; der zweite Grundsatz beinhaltet die richtige Kombination der Nahrung und der konzipierten Gerichte; der dritte wichtige Grundsatz ist der richtige Obstverzehr.

Im Kapitel 3 sind diese drei Ernährungsgrundsätze für alle die Leser kurz erläutert, die unser Buch »Fit für's Leben« noch nicht gelesen haben.

In allen Rezepten, die Sie in diesem Buch finden, werden nur Zutaten bester Qualität und reinster Zusammensetzung empfohlen. Wenn es Ihnen ernst damit ist, Ihre Gesundheit zu verbessern oder Übergewicht zu verlieren, so vermeiden Sie vorverarbeitete Nahrungsmittel (Fabriknahrungsmittel), chemische Konservierungsmittel und sonstige Nahrungszusätze (z.B. Farbstoffe). Wenn Sie den größten Nutzen aus frischen vollwertigen Lebensmitteln ziehen wollen, müssen Sie auch die besten, frischesten, am wenigsten behandelten Zutaten verwenden (möglichst aus organischem Anbau).

Wenn Sie von jetzt an, an eine ausgewogene Ernährungsweise denken, so bemühen Sie sich um einen Ausgleich zwischen der Menge an lebendiger, wasserhaltiger Nahrung und der Menge an gekochter Nahrung, die Sie zu sich nehmen. Wasserhaltige, ungekochte Nahrung (frische Säfte, Früchte, Gemüse und Salate), sollten den Vorrang haben. Das verstehen wir als »ausgewogene« Ernährung. Wir verneinen die »vier Nahrungsgruppen-Mentalität«, weil wir die Auffassung vertreten, daß es sich dabei um eine veraltete und falsche Denkungsweise handelt, die der Öffentlichkeit aus kommerziellen Gründen, aber nicht aus gesundheitlichen Überlegungen heraus angeboten wird. Besser sollte man von den »vier Nahrungsmittellobbys« sprechen. Daß wir uns jahrzehntelang an die Empfehlungen gehalten haben, zu jeder Mahlzeit Fleisch, Milchprodukte, Getreide und Früchte oder Gemüse zu essen im Namen einer »ausgewogenen Ernährungsweise«, hat dazu geführt, daß mehr als 50 % der Bevölkerung übergewichtig ist und die jährlichen Ausgaben für Magenmittel und Verdauungshilfen in die Milliarden gehen.

Die Überbewertung von tierischem Eiweiß führte zu einer weitverbreiteten Eiweißvergiftung. Übergewicht, Zellulitis, Gereiztheit, Depressionen und Hauterkrankungen sind die offenkundigsten Folgen. Es ist sicher an der Zeit, unsere Ernährung eine **neue** Richtung zu geben!

Deshalb haben wir in diesem Buch Wert auf Gerichte gelegt, die Ihnen helfen werden, den Verzehr an Eiweiß- und Milchprodukten sowie tierischen Fetten einzuschränken und gleichzeitig den Verzehr an Früchten, Salaten und Gemüse zu steigern. Dies entspricht den heutigen modernen Ernährungsrichtlinien.

Ich habe dieses Buch geschrieben, um Sie zu einem »Ernährungs-Abenteuer« einzuladen. Ich beginne mit leichten, reinigenden Obst- und Gemüsesäften und gehe schließlich über zu Festtagsgerichten, Pasteten und Strudeln. Es ist für jeden Geschmack gesorgt. Während des Schreibens dachte ich oft an die vielen Leute, die fragten, »*Wie kann man nur von Früchten, Salaten und Gemüse leben*«?

Ich habe mich bemüht, niemanden zu enttäuschen. Wer unsere Bücher »**Fit für's Leben I und II**« bereits kennt, wird einige Rezepte wiedererkennen. Sie liegen in diesem Buch allerdings in einfacherer Form vor. Es handelt sich dabei um Originalrezepte, die bereits vor acht bis zehn Jahren in unkomplizierteren Versionen konzipiert wurden. Bei der Überarbeitung dieses Buches für die Veröffentlichung habe ich aber bewußt davon Abstand genommen, die gegenwärtige Form zu verändern, um die ursprüngliche Absicht, Ihnen ein einfaches, handliches Nachschlagewerk anzubieten, bestehen zu lassen. So ist dieses Buch also mehr als ein Kochbuch, und die Rezepte sind einfache Darstellungen der Grundsätze aus dem Fit-für's-Leben-Programm. Sie können diese Rezepte natürlich Ihrem Geschmack und Ihrer Lebensweise anpassen. Das Echo von Tausenden von Lesern, die im Besitz dieses Buches sind, hat uns bestätigt, daß es eine wertvolle Bereicherung des Fit-für's-Leben-Programms ist und nach wie vor zeitgemäß ist.

Mit Dankbarkeit erinnere ich mich an *Harveys* große Begeisterung und seinen Enthusiasmus, als er die verschiedenen, überwiegend vegetarischen Gerichte kennenlernte. Seine Begeisterung war für mich Ansporn und Ermutigung. Sie finden in diesem Buch meine ursprünglichen Küchenzettel aus der Zeit wieder, als ich mein Eßverhalten änderte und den Weg zur Gesundheit beschritt. Nun wird es Ihr Weg sein. Sie können sich Zeit lassen, denn Sie sind auf dem richtigen Weg. Haben Sie Spaß bei Ihrer Ernährungsumstellung! Wir hatten auch viel Spaß dabei, besonders wenn mir mal ein Gericht nicht so richtig gelang. Wir befinden uns weiterhin auf dem Weg zur Gesundheit, denn dies ist eine Reise ohne Ende.

Kapitel 1
Hüten Sie sich vor säurebildenden Nahrungsmitteln!

Viele der regelmäßig verzehrten Nahrungsmittel übersäuern den Organismus. Übersäuerung ist ungesund. Die Schleimhäute des Verdauungstraktes werden dadurch ständig einer ätzenden Belastung ausgesetzt. Um sich zu schützen, speichert der Organismus große Wassermengen, um die Säuren zu verdünnen, damit die lebenswichtigen Organe keinen Schaden erleiden. So ist das erste sichtbare Anzeichen eines übersäuerten Körpers die Zurückhaltung von Wasser, Aufgeblähtheit und Zellulitis. Andere Anzeichen sind das Ausfallen und Ergrauen der Haare sowie dunkle Ringe unter den Augen. Dazu kommen Nachlassen der Sehkraft und des Gehörs, Kalziumverlust in den Zähnen und Knochen, starke Anspannungen und Nervosität.

Verursacher der Übersäuerung des Körpers sind Fleisch, Kaffee, Alkohol, Milchprodukte, gekochte Nüsse, gekochte Früchte und verarbeitete Nahrungsmittel wie z.B. weißer Zucker, weißes Mehl und alle Nahrungsmittel, die mit chemischen Konservierungsmitteln behandelt wurden. Außerdem entstehen durch Rauchen große Säuremengen im Körper. Nicht von ungefähr meiden wir all diese Substanzen bei unserer Gesundheitskost. Wir bieten Ihnen stattdessen köstliche Alternativen an. Wir zeigen Wege auf, die vorzeitiges Altern als Ergebnis der Übersäuerung vermeiden. Frische Obst- und Gemüsesäfte neutralisieren die Säure, denn sie reagieren im Körper basisch. Obwohl viele Früchte als sauer gelten, reagieren doch alle Früchte im Körper alkalisch. Sie reagieren nur dann sauer, wenn sie gekocht werden oder als Nachtisch nach einer Mahlzeit gegessen werden. Wenn Sie den Empfehlungen dieses Buches folgen, können Sie die Übersäuerung Ihres Körpers vermeiden, aber auch lernen, wie man die Übersäuerung korrigiert, falls sie einmal auftreten sollte. Wenn Sie säurebildende Nahrungsmittel in Ihrer Ernährung, wie z.B. Fleisch und Milchprodukte, einbeziehen, so werden Sie nach dem Studieren dieses Buches wissen, wie Sie durch eine richtige Kombination der Mahlzeiten die schädlichen Wirkungen begrenzen können.

Kapitel 2

Was ist SonnenKost?

»SonnenKost besteht aus sonnengereiftem Obst, sonnengereiften Gemüsefrüchten, Nüssen, Saaten und Samen sowie mit Sonnenlicht gewachsenen Salaten und Gemüse, die ganz frisch, allein oder in richtiger Kombination verzehrt werden.«

Diese Kostform ist ein tragendes Element der »Natürlichen Gesundheitslehre«.*

SonnenKost unterscheidet sich in vielerlei Hinsicht von vegetarischer Kost, Vollwertkost, Schnitzerkost, Waerland-Kost, Bircher-Benner Müsli oder makrobiotischer Kost.

SonnenKost ist »lebendige Nahrung«. Nach Möglichkeit soll sie bio-organisch oder bio-dynamisch angebaut werden, d. h. ohne Kunstdünger und Schädlingsbekämpfungsmittel.

*Nähere Informationen über die »Natürliche Gesundheitslehre« erhalten Sie bei der Gesellschaft für natürliche Lebenskunde e. V., 2862 Worpswede, Heinrich-Vogeler-Weg 8.

Unsere heutigen Essensgewohnheiten, d. h. vorwiegend gekochtes Essen mit viel Salz und Gewürzen, fetthaltiger Nahrung und viel konzentrierter Eiweißnahrung wie Fleisch, Fisch, Geflügel, Eier und Milchprodukte, ergeben eine ständige langsame Verschlackung des Körpers. Dies hat noch schlimmere Auswirkungen, wenn Bewegungsmangel vorliegt oder wenn jemand dauernd unter Streß steht.

Der Körper wird auf diese Weise fortwährend von seinen eigenen Abfällen (Schlacken), die er nicht schnell genug ausscheiden kann, vergiftet. Zusätzlich vergrößert ungeeignet zusammengestellte Nahrung noch die Schlackenansammlungen.

Daß auch Sie verschlackt sind, können Sie leicht bei sich selbst folgendermaßen feststellen: Wenn Sie jegliche Nahrung außer Wasser für 24 bis 36 Stunden weglassen, also fasten, ist Ihre Zunge belegt, weiß und pelzig. Der Atem ist gewöhnlich übelriechend. Da dies fast bei allen Menschen passiert, die Fleischprodukte und/oder gekochtes Essen mit Salzen zu sich nehmen, können Sie ziemlich sicher sein, daß auch Ihr Körper in einem größeren oder kleineren Ausmaß vergiftet ist.

Fasten Sie! Nehmen Sie, wenn Sie sich schlecht fühlen außer reinem Wasser keine Nahrung zu sich! Bleiben Sie die meiste Zeit im Bett, möglichst in einem sonnigen Zimmer mit viel frischer Luft. Viel Ruhe und Schlaf versetzen den Körper relativ schnell in die Lage, seine Gesundheit schnell zurückzuerlangen.

Wenn Sie anfangen, sich wieder besser zu fühlen, keine erhöhte Temperatur mehr haben, wieder Hunger haben, so beginnen Sie mit Früchten oder selbst gepreßten Fruchtsäften. Kein Haferbrei mit Milch! Das belastet den Körper nur wieder!

Kapitel 3

3 Ernährungsgrundsätze

Damit Sie verstehen, warum an der Sonne gereifte Früchte, frische Salate und Gemüse am besten für Ihre Gesundheit sind, möchte ich jetzt auf die 3 wichtigsten Ernährungsgrundsätze eingehen.

Vielleicht haben Sie schon einmal etwas von der Organuhr oder der inneren Uhr gehört. So ähnlich verhält es sich auch mit den **3 Körperzyklen.**

Es ist wichtig, daß sie die 3 Körperzyklen beachten und diese nicht blockieren. Wir kennen die Ausscheidung von Abfallstoffen, die von morgens 4 Uhr bis mittags 12–13 Uhr stattfindet. Dann haben wir den Aufnahmezyklus von mittags bis 20 Uhr abends. Das ist die Zeit der Nahrungsaufnahme. Drittens gibt es den Assimilationszyklus oder die Ausnutzung der aufgenommenen Nahrung, die in der Zeit von abends 8 bis morgens um 4 Uhr stattfindet. Während der Wachstunden nehmen wir Nahrung auf, verzichten wir aber auf Essen, nimmt der Hunger im Verlauf des Tages zu. Wenn wir schlafen und der Körper keine Arbeit zu leisten hat, assimilieren wir, was wir während des Tages zu uns genommen haben. Wenn wir aufwachen, haben wir den sogenannten »Morgenatem« und vielleicht auch eine belegte Zunge, denn jetzt befindet sich unser Körper mitten in der Ausscheidungsphase all dessen, was er nicht gebrauchen kann.

Haben Sie schon einmal beobachtet, was passiert, wenn Sie spät abends noch gegessen haben? Wie fühlen Sie sich am nächsten Morgen? Beim Aufwachen fühlen Sie sich benommen, wie betäubt. Die Umwandlungsphase, die beginnt, wenn die Nahrung den Magen verlassen hat, ist gestört worden. Eigentlich will unser Körper seine Nahrung früh am Abend zu sich nehmen, so daß mindestens drei Stunden vergehen, bis die Nahrung den Magen verlassen hat. Da aber die Nahrung der späten Mahlzeit wegen noch nicht verdaut ist, ist sie noch nicht für die Umwandlung bereit. Sie haben die Aufnahmephase weit über ihre Grenzen hinaus in die Länge gezogen und dadurch die Ausnutzungsphase weit in die Ausscheidungsphase hinein verlängert. Der reguläre Acht-Stunden-Zyklus ist deshalb durcheinander gebracht worden. Der natürliche Arbeitsrhythmus Ihres Körpers wurde gestört, daher fühlen Sie sich beim Aufwachen müde, schlapp und mißgelaunt (Morgenmuffel). Lassen Sie aber das Frühstück aus, kommen Sie wahrscheinlich bis Mittag ohne Essen aus, denn Ihr Körper befand sich in der Ausscheidungsphase und wollte sowieso nichts zu sich nehmen. Würden Sie jedoch noch länger ohne Nahrung bleiben, würden Sie sich unbehaglich fühlen, denn Ihr Körper ist inzwischen in die Aufnahmephase eingetreten und ist nun bereit, wieder Nahrung aufzunehmen.

Wenn Sie sich danach richten, bleiben Sie gesund oder werden schnell wieder gesund, wenn Sie krank sind. Sie werden voller Energie sein, können Bäume ausreißen, werden geistig viel reger, sind unternehmenslustiger - um es kurz zu sagen, das Leben macht Ihnen Spaß - trotz aller Kümmernisse oder Belastungen, die jeder nun einmal mehr oder weniger hat.

I. Richtiger Obstverzehr

Die meisten Menschen wissen nicht, wie man Obst essen soll. Ohne Zweifel ist Obst die beste, energiespendende Nahrung, die Sie zu sich nehmen können, wenn es richtig verzehrt wird!

Der Grund, warum wir instinktiv nach Obst verlangen, liegt darin, daß Obst ohne Frage die wichtigste Nahrung für unseren Körper ist. Obst ist die Nahrung, der der menschliche Körper biologisch angepaßt ist.

Wissenschaftliche Erkenntnise zeigen, daß unsere frühen Vorfahren **keine** Fleischesser waren, ja nicht einmal Samen, Schößlinge, Blätter oder Gräser verzehrten. Sie waren auch keine Allesesser. Stattdessen ernährten sie sich hauptsächlich von Früchten.

Da wir also biologisch zum **Früchteesser** bestimmt sind, ist es für uns viel wichtiger zu überlegen, wieviel Obst wir essen, als wieviel Eiweiß wir täglich zu uns nehmen. Ich habe noch keinen Menschen angetroffen, der unter Eiweißmangel litt. Aber ich kenne viele Menschen, die an Eiweißvergiftung litten, und die meisten von ihnen aßen zu wenig Obst.

Zu hoher Eiweißkonsum kann Brust-, Leber- und Blasenkrebs verursachen, auch die Ausbreitung von Leukämie wird damit in Zusammenhang gebracht. Magenkrebs stellt fast ein Drittel aller Krebserkrankungen dar. Wenn Fleischnahrung nicht restlos abgebaut wird, zersetzt sie sich, und die daraus entstehende Übersäuerung des Körpers vergiftet den Körper.

Die bei der Obstverdauung gesparte Energiemenge ist beachtlich. Diese Energie wird automatisch für die Reinigung des Körpers von giftigen Schlacken verwendet und führt dadurch zu einer besseren Gesundheit und bei Übergewicht zu einer schnelleren Gewichtsreduzierung. Dies trifft aber nur zu, wenn das Obst in der richtigen Weise verzehrt wird. Da Obst nicht lange im Magen bleiben soll, darf es nie zusammen mit anderer Nahrung oder unmittelbar nach anderer Nahrung verzehrt werden.

Es ist äußerst wichtig, **Obst nur auf leeren Magen** zu essen.

Wenn Sie Obst in der richtigen Weise essen, spielt es - aufgrund seines hohen Wassergehaltes und seines geringen Energieaufwandes bei der Verdauung - bei der Entgiftung Ihres Körpers eine wichtige Rolle. Gleichzeitig versorgt es Sie mit einer Menge Energie, die für die Körperaktivitäten nutzbar gemacht werden kann. Obst ist von allen Nahrungsmitteln das Wichtigste. Es darf jedoch keinesfalls noch andere Nahrung verzehrt werden, sonst entstehen viele Probleme.

Obst ist die wichtigste Nahrung, die Sie überhaupt essen können. Dies gilt für alle Früchte, auch für saure Früchte wie Apfelsinen, Ananas und Pampelmusen. Der Begriff »sauer« ist in diesem Fall eine botanische Klassifizierung. Sobald sich Früchte innerhalb des Körpers befinden, reagieren sie basisch (alkalisch), vorausgesetzt, sie werden auf die richtige Weise gegessen. Sowohl Obst als auch Gemüse und Salat haben die Fähigkeit, die in unserem Körper entstehenden Säuren zu neutralisieren.

Falsche Zusammensetzung der Nahrung, eine unzureichende Menge an Nahrung mit hohem Wassergehalt, Schlacken konzentrierter Nahrung, der Nahrung beigefügte Zusätze, verunreinigte Luft und unsauberes Wasser, Streß - dies alles und noch mehr - sind die Ursachen für die Vergiftung und Übersäuerung unseres Körpers. Ein vergifteter, übersäuerter Organismus ist aufgeschwemmt, übergewichtig. Es entstehen Entzündungen im Zellgewebe, graues Haar, Kahlköpfigkeit, nervöse Anfälle, dunkle Ringe unter den Augen und frühzeitig Falten im Gesicht. Magengeschwüre sind die direkte Folge zersetzender Säuren im Organismus. Obst, wenn richtig verzehrt, hat eine großartige verjüngende Fähigkeit.

Obst muß frisch sein!

Das kann nicht deutlich genug betont werden. Obst, dessen Zustand in irgendeiner Weise verändert wurde, das z. B. gekocht wurde, hat für den Körper keinen großen Nutzen mehr. Durch die Behandlung findet eine Denaturierung statt (Zerstörung an Nährstoffen). Der Körper kann Obst nur in reinem natürlichem Zustand auswerten. Gebratene Äpfel, Dosenfrüchte, gekochtes Apfelmus sowie Obstpasteten, Obstkuchen sind insofern schädlich, als sie den Körper weder reinigen noch ihm Nährstoffe zuführen. Sie sind toxisch, säurebildend und schädigen möglicherweise die empfindlichen Schleimhäute der inneren Organe. Sie zwingen den Körper, seine kostbare Energie zur Neutralisierung der durch sie entstehenden Säuren einzusetzen und sie auszuscheiden. Durch Kochen wird der Wert von Obst zerstört. Obst muß in frischem, ungekochtem Zustand gegessen werden. Das gleiche gilt für **Obstsäfte**. Sie müssen frisch sein. Wenn sie pasteurisiert werden, wie es bei Orangensäften aus der Fabrik, die aus Konzentraten hergestellt werden, der Fall ist, sind sie pure Säure, schon ehe sie getrunken werden.

Als zweiter Punkt ist beim Obstverzehr zu beachten, daß ausreichend Zeit zwischen dem Essen anderer Nahrung und einer Obstmahlzeit verstreichen sollte. Solange Ihr Magen leer ist, können Sie Obst essen, soviel Sie wollen und so oft Sie wollen. Lediglich vor dem Verzehr anderer Nahrung sollten Sie 20 - 30 Minuten vergehen lassen, damit das Obst oder der Saft Zeit haben, den Magen zu verlassen. Saft und einige Obstarten benötigen sogar noch weniger Zeit.

Haben Sie etwas anderes als Obst gegessen, müssen Sie mindestens 3 Stunden warten, nach Fleischmahlzeiten mindestens 4 Stunden.

Manche Leute sind der Meinung, daß Obst und Obstsäfte, in größeren Mengen genossen, dick machen. Ein zu reichhaltiger Obstgenuß kann jedoch nur dann negative Folgen haben, wenn er zusammen mit oder unmittelbar nach anderer Nahrung erfolgt oder das Obst gekocht ist. Wird Obst jedoch auf leeren Magen gegessen, hat es eine ausgesprochen positive Wirkung, es beschleunigt den Gewichtsverlust bei Übergewicht.

Wenn ich den Menschen sage, daß Sie ohne weiteres viel Obst essen können und es sogar zur Gewohnheit werden lassen können, machen Sie sich anfänglich Sorgen über die Menge der **Kalorien**. Kalorien sind jedoch nur dann unsere Feinde, wenn Sie in Form stark behandelter oder schlecht zusammengestellter Nahrung aufgenommen werden. Kalorien hoher Qualität, wie sie in Nahrung mit hohem Wassergehalt vorkommen, tragen keineswegs zu Gewichts- oder Gesundheitsproblemen bei. Im Gegenteil, sie versorgen Sie mit der nötigen Energie!

II. Nahrung mit hohem Wassergehalt

Unter den absolut notwendigen Stoffen steht Wasser neben Luft und Nahrung an oberster Stelle. Vom Augenblick Ihrer Geburt an bis zum Tode verlangt Ihr Körper instinktiv nach Luft, Wasser und Nahrung, um überleben zu können.

Was versteht man unter Nahrung mit hohem Wassergehalt?

Ihr Körper besteht zu 70 % aus Wasser. Sie müssen Wasser haben, um überleben zu können.

Manche Leute werden jetzt sagen: *»Prima, ich trinke 1 1/2 Liter Wasser täglich«*. Aber Wassertrinken bringt Ihnen keineswegs den Erfolg, von dem ich spreche. Wenn ich von Nahrung mit hohem Wassergehalt spreche, meine ich damit drei Arten von Lebensmitteln, die einen natürlichen, hohen Wassergehalt besitzen, nämlich Obst, Gemüse und Salate. Alles andere ist **konzentrierte Nahrung**. Konzentriert heißt, der Wassergehalt wurde reduziert, entweder durch bestimmte Behandlung, wie z. B. Konservierung oder durch Kochen. D. h. nun nicht, daß Sie ausschließlich Obst, Gemüse und Salat essen müssen, um gesund zu bleiben. Aber Sie sollten eine Ernährungsweise anstreben, die annähernd 70 % Wassergehalt haben sollte, weil eben unser Körper zu 70 % aus Wasser besteht. Das bedeutet, daß Obst, Gemüse und Salat in unserer Ernährung überwiegen sollten! Die restlichen 30 % können aus konzentrierter Nahrung bestehen wie Brot, Getreide, Hülsenfrüchte und gelegentlich etwas Milchprodukte.

Alle Körperzyklen funktionieren nur dann bestens, wenn sie regelmäßig mit natürlichem, reinem Wasser versorgt werden, und das finden wir in wasserhaltigem Obst oder Gemüse. Wir essen aber so, daß wir unseren Körper dabei nicht reinigen, sondern verschmutzen. Wir essen so, daß wir ihn verkleistern und verstopfen.

Die meisten Mahlzeiten, die wir zu uns nehmen, haben eine stopfende Wirkung (schlackenbildende Wirkung). Unsere Nahrung verschlackt unseren Körper, und dann, weil wir verschlackt sind, fühlen wir uns schlecht. Wir nehmen etwas, um unser Befinden zu verbessern, z. B. Kaffee, Alkohol, Magenbitter, aber gleichzeitig essen wir weiter das, was unseren Organismus verschlackt. Also, von jetzt an fragen Sie sich, wenn Sie Ihre Mahlzeiten betrachten: Enthält diese Mahlzeit etwa 70 % wasserhaltige Lebensmittel? Wenn es nicht so ist, haben Sie nicht die geringste Chance, erfolgreich und auf Dauer gesund zu bleiben. Wenn Sie wirklich gesund sein wollen und bleiben wollen, dann ist es unerläßlich, daß Sie sich diese Frage vor jeder Mahlzeit stellen.

Sie werden staunen, welche herrlichen Mahlzeiten man aus Obst, Salat und Gemüse zaubern kann, weitaus mehr, als die meisten von Ihnen sich vorstellen können.

Menschen, die viel Wasser oder andere Getränke am Tag zu sich nehmen, tun das, weil Sie die notwendige Flüssigkeit nicht aus der Nahrung bekommen können. In ihrer Ernährung überwiegen die konzentrierten Bestandteile, so daß Ihr Körper ständig nach Flüssigkeit verlangt und sie ständig **Durst** haben. Sie werden herausfinden, daß Sie viel weniger Durst haben, wenn Sie Nahrung mit hohem Wassergehalt zu sich nehmen. Wenn Sie jedoch Wasser trinken wollen, dann sollten Sie **dampfdestilliertes Wasser** trinken, sofern es erhältlich ist. Leitungswasser, die meisten Mineralwasser, ja selbst Bergquellwasser sind nicht ideal für den menschlichen Körper, da sie anorganische Mineralstoffe enthalten, die der Körper weder verwenden noch ausscheiden kann. Diese anorganischen Materialien neigen dazu, sich im Organismus mit Cholesterin zu verbinden und sich als Ablagerungen in den Arterien niederzuschlagen. Dampfdestilliertes Wasser hat die Wirkung nicht. Wenn Sie Obst oder Gemüse essen, nehmen Sie destilliertes Wasser zu sich. Die Mineralstoffe werden dem Boden entnommen, die Pflanze assimiliert sie, und Sie nehmen sie auf.

Sie haben vielleicht gehört, daß angeblich durch destilliertes Wasser **Mineralstoffe** aus dem Körper gezogen werden. Das ist nur teilweise richtig. Die Mineralstoffe, die durch destilliertes Wasser dem Körper entzogen werden, sind anorganische Mineralstoffe, die der Körper sowieso nicht verwerten kann. So ist die Wirkung eine gesunde. Destilliertes Wasser wäscht keine organischen Mineralstoffe aus, die Teil der Zellstruktur des Organismus geworden sind. Ist ein Mineralstoff Teil der Zellstruktur geworden, kann es nicht mehr ausgewaschen werden.

Dr. Paul C. Bragg und *Dr. Patricia Bragg* beschreiben in ihrem Buch »Wasser - das größte Gesundheitsgeheimnis«, welche körperlichen Schäden durch hartes, mineralhaltiges Leitungswasser im Laufe von 30–40 Lebensjahren entstehen. Dazu gehören auch fast alle Mineralwasser, die einen hohen Mineralgehalt haben. Besonders geringe Mineralanteile haben Spa-Wasser, Volvic- und Haderheck-Wasser.

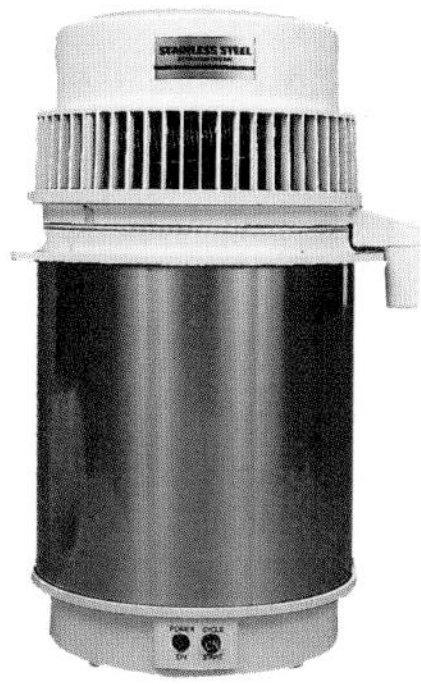

Destilliergeräte luftgekühlt

Leistung ca. 0,8 l per Std.

Leistung ca. 1,2 l per Std.*

Noch eine wichtige Bemerkung zum Wasser. Es ist sehr ungesund, Wasser oder andere Getränke zu den Mahlzeiten zu trinken. Viele Leute essen und trinken zur selben Zeit. Das ist nicht gut für die Verdauungssäfte, die die Nahrung aufschließen müssen. Wenn Sie Getränke zu den Mahlzeiten trinken, verdünnen sie die Verdauungssäfte und verhindern so, daß die Mahlzeit richtig verdaut wird.

Zusammengefaßt kann man sagen, daß Sie durch das Essen von Nahrung mit hohem Wassergehalt giftige Schlacken aus Ihrem Körper ausspülen. Wenn Sie damit fortfahren, vermeiden Sie eine neuerliche Anhäufung von Giftstoffen und Sie werden weder zunehmen noch krank werden.

* Lieferantenhinweise erhalten Sie auf Anfrage bei der Gesellschaft für natürliche Lebenskunde e.V., 2862 Worpswede, Heinrich Vogelerweg 8

III. Richtige Lebensmittelkombination

So wichtig wie Lebensmittel mit hohem Wassergehalt sind, so wichtig ist die richtige Lebensmittelkombination.

Sie haben vielleicht schon davon gehört, wie wichtig es ist, Lebensmittel in der richtigen Kombination zu essen. Diese Erkenntnis wird immer populärer, und zwar mit Recht.

Ganz egal, was Sie tun wollen, ob Laufen, Lesen, Spielen oder irgend etwas anderes, Sie brauchen dazu Energie. Tatsächlich bedeutet Energiemangel in Ihrem Körper, daß Sie nicht richtig leben. **Keine Energie, kein richtiges Leben.** Jeder von uns möchte gerne mehr Energie haben. Waren Sie nicht auch oft müde nach einer Mahlzeit? Wer war das noch nicht! Der Grund dafür liegt darin, daß unsere ganze Energie auf die Verarbeitung der Nahrung in unserem Organismus konzentriert ist. Die Verdauung der Nahrung verbraucht mehr Energie als Laufen, Schwimmen oder Radeln. Es gibt in der Tat nichts, wozu mehr Energie nötig ist, als für die Verdauung.

Energie ist jedoch ebenso unentbehrlich für die überaus wichtige Entgiftung (Ausscheidung giftiger Schlacken) des Körpers. Wenn es uns gelingt, giftige Schlacken regelmäßig aus unserem Körper zu entfernen, bleiben wir auch gesund.

Der Begriff »richtige Lebensmittelkombination« entstand durch die Entdeckung, daß bestimmte Nahrungsmittelzusammenstellungen leichter verdaut und besser ausgewertet werden als andere. Nichts fördert den Verdauungsprozeß mehr, als die richtige Zusammensetzung der Nahrung.

Der menschliche Organismus ist nicht dafür geschaffen, im Magen mehr als eine konzentrierte Nahrung gleichzeitig zu verdauen.

Was versteht man unter **konzentrierter Nahrung**? Alles, außer Obst, Salat und Gemüse ist konzentriert. So bedeutet der Begriff »richtige Lebensmittelkombination« lediglich, daß Sie auch nicht mehr als **eine** konzentrierte Nahrung gleichzeitig zu sich nehmen sollen. So einfach ist das.

Trotzdem essen Menschen wie die Löwen, die Giraffen, die Schweine, die Pferde und die Affen; nicht nur das, sie essen auch noch alles durcheinander bei ein und derselben Mahlzeit. Dadurch wird unsere Verdauungskraft enorm belastet, die Entstehung giftiger Abfallprodukte wird gefördert und eine Menge kostbarer Energie wird verschwendet.

Haben Sie nicht schon immer Fleisch und Kartoffeln zusammen gegessen? Fisch und Reis? Geflügel und Nudeln? Eier und Toast? Käse und Brot? Getreide und Milch? Jetzt werden Sie fragen, was bleibt denn da noch übrig? Keine Sorge, mehr als genug. Die obigen Zusammenstellungen, ich muß es Ihnen sagen, sind nicht zu Ihrem Besten und verhindern außerdem, daß Sie gesund bleiben. Kostzusammenstellungen dieser Art sind geradezu eine Garantie dafür, nie ausreichend Energie zu haben. Die Voraussetzung für Gesundheit ist **Entgiftung**, und Entgiftung hängt gänzlich von der zur Verfügung stehenden Energie ab. Weil wir unsere Nahrung falsch zusammenstellen, haben wir eine ständige Energiekrise in unserem Körper. Diese falsche Ernährungsweise führt auch dazu, daß Leute schon im Alter von 50 Jahren sterben.

Nahezu die Hälfte der Bevölkerung ist übergewichtig. Das ist zum großen Teil auf unsere willkürliche und wahllose Nahrungszusammenstellung zurückzuführen. Lassen Sie es mich erklären. Nehmen wir z. B. Fleisch und Kartoffeln, eine allgemein übliche Kombination. Ebensogut könnte ich Fisch und Reis, Fleisch und Nudeln oder Brot mit

Käse sagen. Sie essen z. B. ein Steak. Im Magen angekommen, ist ein bestimmter Verdauungssaft erforderlich, um diese konzentrierte Eiweißnahrung aufzuschließen, nämlich eine Säurelösung. Gleichzeitig essen Sie auch eine gebackene Kartoffel.

Nun könnten Sie einwenden, daß es sich bei der Kartoffel doch um Pflanzenkost handle. Richtig. Wenn Sie in eine rohe Kartoffel beißen würden und diesen Bissen kauen würden, bekämen Sie Nahrung mit einem hohen Wassergehalt. Durch das Backen ist das Wasser verlorengegangen, es bleibt eine konzentrierte, stärkehaltige Nahrung. Nun kommt diese konzentrierte Stärke zusammen mit dem Steak in den Magen. Für die Verdauung der Stärke ist aber eine alkalische Lösung erforderlich. Aus Ihrem Chemieunterricht wissen Sie, was passiert, wenn saure und alkalische Lösungen miteinander in Kontakt kommen. Sie neutralisieren sich gegenseitig.

Sie haben also ein Steak mit Kartoffeln gegessen. Die zur Verdauung notwendigen Säfte haben sich neutralisiert. Was geschieht nun mit dieser Mahlzeit? Unser Organismus muß mehr Verdauungssäfte bereitstellen. Das braucht Zeit und kostet Energie. Erneut werden Verdauungssäfte abgesondert, die wieder neutralisiert werden. Viel Zeit vergeht während dieser Vorgänge. Tatsächlich vergehen mehrere Stunden, während der Körper die Verdauungssäfte produziert, die in den Magen fließen und schließlich **Verdauungsstörungen** und Sodbrennen verursachen. Endlich wird diese nicht richtig verdaute Mahlzeit durch die Darmperistaltik aus dem Magen befördert. Die schlecht verdaute Nahrung wird nach stundenlangem Aufenthalt im Magen dem Verdauungstrakt aufgezwungen.

Es ist wichtig zu wissen, was sich zugetragen hat. Der größte Teil des Eiweißes hat sich durch den langen Aufenthalt im Magen durch Fäulnis zersetzt. Der größte Teil der Kohlenhydrate ist in Gärung übergegangen. Fäulnis und Gärung kann der Körper aber unter keinen Umständen brauchen. Nährstoffe, die auf diese Weise beeinflußt wurden, können nicht mehr in gesunde Zellstruktur eingebaut werden.

Nahrung, die sich durch Fäulnis zersetzt hat oder vergoren wurde, erzeugt im Körper giftige Säuren. Aufgrund der Fäulnis und Gärung entstehen Gase, Blähungen, Sodbrennen, saures Aufstoßen. Jetzt braucht man Magentabletten wie Aludrox, Gelusil-lac, Nervogastrol, Rohasal oder Ulgastrin. In Amerika und Europa werden täglich Wagenladungen an säurebindenden Mitteln eingenommen. Warum? Weil wir willkürlich und wahllos essen. Wenn alles zusammen in den Magen gestopft wird, wird der Organismus überfordert. Wir sind die einzigen Geschöpfe auf dieser Welt, die nach dem Essen Medikamente einnehmen müssen, um die Nahrung aus unserem Darm wieder herauszubekommen.

Wegen all der Fäulnis, Gärung und daraus entstehender Säure verbleibt im Magen letztlich eine verdorbene, faulende, übelriechende Masse. Die Nahrung, die unverdaut im Magen bleiben mußte, fault buchstäblich vor sich hin. Die einmal in der Nahrung vorhandenen Nährstoffe sind verlorengegangen. Durch die lange Verweildauer im Magen ist eine unglaubliche Menge Energie verbraucht worden. Dann wird die Nahrung den Därmen aufgezwungen, schiebt sich durch ca. 9 m Verdauungskanal. Deshalb ist man müde nach so einer Mahlzeit. Deshalb hat man keine Energie. Diese Nahrung braucht etwa 8 Stunden, um aus dem Magen herauszukommen, und 24 und mehr Stunden, um durch den Verdauungskanal zu kommen (bis 5 Tage).

Es gibt einen einfachen Weg, das ganze Problem zu vermeiden. Sie wollen ein Steak, Fisch oder Hähnchen essen, also gut. Sie müssen sich lediglich bewußt sein, daß

Fleisch in dieser Mahlzeit der konzentrierte Bestandteil ist. Das bedeutet, daß Sie nicht noch mehr konzentrierte Nahrung bei dieser Mahlzeit zu sich nehmen sollten. Also keine Kartoffeln, Reis, Nudeln, Käse oder Brot, sondern Nahrung mit hohem Wassergehalt. Mit anderen Worten, zum Steak sollten Sie **Salat oder Gemüse** essen, wie z. B. Brokkoli oder Zucchini oder auch andere Sorten, je nach dem, was Sie am liebsten mögen. Salat und Gemüse brauchten keinen besonderen Verdauungssaft. Es kann sowohl in saurer als auch in alkalischer Lösung abgebaut werden. Sie können das Gemüse dämpfen oder dünsten, bedenken Sie aber, daß bei längerer Kochzeit mehr Wasser und damit Lebenssaft entzogen wird.

Wenn Sie eine gebackene Kartoffel essen wollen, gut, dann essen Sie sie. Essen Sie sie mit Butter. Dazu gibt es Gemüse wie Zucchini, grüne Bohnen, Brokkoli oder was Sie essen wollen und natürlich Salat. Auch mit dieser Mahlzeit werden Sie satt werden. Ist Ihnen klar, was mit dem Begriff richtige Lebensmittelkombination gemeint ist? Sie möchten Fleisch essen, gut - essen Sie es mit Gemüse und Salat. Sie möchten Kartoffeln essen? Essen Sie sie mit Gemüse und Salat. Sie möchten Brot essen? Essen Sie es mit Gemüse und Salat. Sie möchten Nudeln essen? Essen Sie sie mit Butter und Salat. Sie möchten Käse essen? Nehmen Sie den Käse, hobeln Sie ihn und geben Sie ihn in Ihren Salat, aber ohne Croutons. Oder schmelzen Sie ihn über das Gemüse.

Für Menschen, die befürchten, zu wenig **Eiweiß** zu sich zu nehmen, wenn Sie nicht zu jeder Mahlzeit Fleisch essen, mag das zu einfach erscheinen. Der Eiweißbedarf ist aber nicht so groß, wie immer angenommen wird. Selbst Muttermilch enthält nur maximal 2,5 bis 3 % Eiweiß! Kühe, Elefanten, Zebras fressen nur Gras und bauen ihr eigenes Eiweiß damit auf. Genauso kann sich der menschliche Körper sein Eiweiß aus Früchten, Gemüse und Nüssen selbst aufbauen.

Wenn ich hier auch von Fleisch, Käse und Eiern spreche, so heißt dies nicht, daß ich dies empfehle. Tierprodukte sind nicht notwendig, fast immer schädlich für den Menschen*. Ich will Ihnen aber Brücken bauen, damit Sie den Weg zur SonnenKost finden, die eben nur aus frischen, unbehandelten Früchten, Salaten, Gemüse und Nüssen besteht.

Wie Sie sehen, können Sie sich nach wie vor am Essen erfreuen. Sie essen, was Ihnen schmeckt. Der Unterschied besteht lediglich darin, daß Sie nicht alles zusammenmischen und alles zu gleicher Zeit essen.

Richtige Lebensmittelkombination bedeutet nicht, daß Sie auf Dinge verzichten müssen, die Ihnen schmecken, Sie sollten nur nicht alles gleichzeitig essen. Wenn Sie Ihre Nahrung nach Verträglichkeit zusammenstellen, werden Sie anstatt eines enormen Energieverlustes einen Energieüberschuß haben.

Die richtige Lebensmittelkombination schafft die Voraussetzungen für Gesundheit. Wenn Sie Lebensmittel zu sich nehmen, die Ihren Magen in drei Stunden passieren statt in acht Stunden, bleiben Energiereserven für 5 Stunden. Energie, die Sie für die Gesundung Ihres Körpers einsetzen können!

Einige Leute haben zu mir gesagt, *»das klingt alles schön und gut, das muß ich zugeben, aber ich bin Geschäftsmann, ich kann mich nicht danach richten.«*

Warum nicht? Sie können in den meisten Restaurants nach diesen Richtlinien speisen. In jedem guten Lokal können Sie bestellen, was Sie wollen. Sie sind der Kunde, Sie bezahlen, Sie können haben, was Sie wollen. Sie können mit Ihren Freunden in ein Lokal gehen und sagen:

* Lesen Sie hierzu auch das Buch von *Harvey Diamond* »Unser Herz - Unsere Erde«

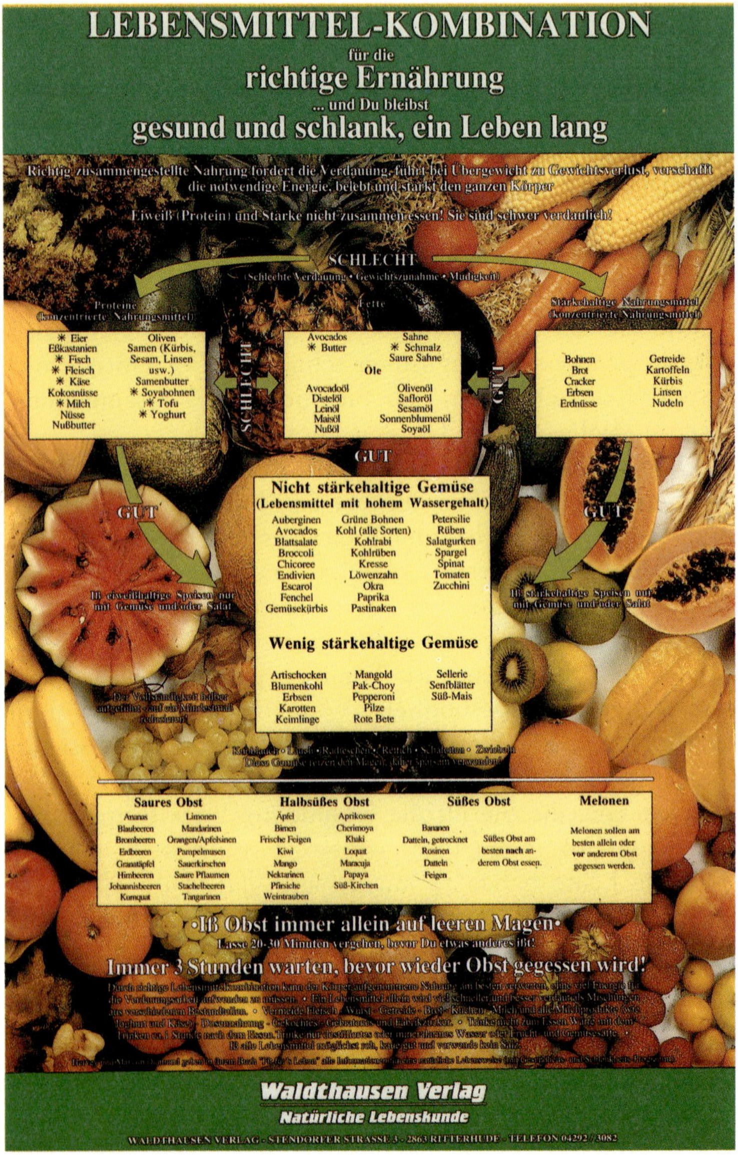

* Die Lebensmittelkombinationstabelle können Sie als Schaubild in einer Größe von 45 x 29,7 cm beim Waldthausen-Verlag bestellen.

»Was gibt es heute Besonderes?«

»Heute haben wir frische Forellen mit Reis«. »Und was haben Sie für Gemüse?« »Es gibt frischen Spargel und Blumenkohl«.

»Großartig, ich nehme Forelle, Spargel und außerdem einen Salat, aber keinen Reis bitte.«

Sie können an der Bestellung teilnehmen, Sie essen Ihre Mahlzeit, und keiner Ihrer Freunde wird danach fragen, warum Sie keinen Reis essen. Niemand wird etwas sagen. Aber das Beste ist, daß Sie sich nach dieser Mahlzeit unbeschwert fühlen und Sie für den Rest des Tages reichlich mit Energie versorgt sind, während Ihre Freunde den Magen voll faulender Nahrung haben, die sie belastet. Sie sind müde und müssen sich mit Kaffee oder einem anderen süchtigmachenden Anregungsmittel aufputschen. Das Großartige an der richtigen Kombination der Nahrung ist, daß sie Ihre Energiereserven gewaltig ansteigen läßt und gleichzeitig Kräfte in Ihrem Körper freisetzt, die notwendig sind, das Übermaß an belastenden Stoffwechselschlacken auszuscheiden.

Die **Lebensmittel-Kombinations-Tabelle** zeigt Ihnen, wie man es macht.

Mit richtiger Ernährung allein haben Sie jedoch noch keine Garantie für eine gute Gesundheit.

Wenn Sie sich Ihre Gesundheit erhalten wollen, sollten Sie neben der Ernährung mit SonnenKost, also lebendiger Nahrung bestehend aus Früchten, Salaten, Gemüsen und Nüssen die Grundsätze auf der folgenden Seite beachten:

Sorgen Sie für saubere, **frische Luft.**

Trinken Sie nur **reines Wasser** – am besten gepreßte Gemüse- oder Fruchtsäfte oder dampfdestilliertes Wasser oder mineralarmes Quellwasser.

Sorgen Sie für regelmäßige **Bewegung** in frischer Luft.

Ruhe und **Entspannung** ist ganz wichtig für Sie.

Sorgen Sie für ausreichenden **Schlaf.** Kostbare Nervenkraft wird dadurch entwickelt.

Halten Sie Ihren Körper **sauber,** sowohl von innen als auch von außen.

Haben Sie **Selbstvertrauen** und **Selbstachtung.** Das Vertrauen in Ihre eigenen Kräfte und Fähigkeiten, Dinge zu meistern, ist wesentlich, damit Sie sich wohlfühlen.

Machen Sie **kreativ nützliche Arbeit.** Menschen fühlen sich nur wohl, wenn sie für sich selbst sorgen und ihre Bedürfnisse durch eigene Anstrengungen befriedigen können.

Beachten Sie die **Naturgesetze.** All diese Dinge sind wichtig für Ihr Wohlbefinden. Die richtige Ernährung ist aber die Ausgangsbasis, das Fundament einer guten Gesundheit.

Mit SonnenKost - also mit sonnengereiften Früchten, Salaten, Gemüse und Nüssen werden Sie gesund bleiben - oder wenn Sie krank sind, wieder gesund werden.

Kapitel 4
Einheimische und ausländische Lebensmittel

Es gibt durchaus ernstzunehmende Ernährungswissenschaftler, die sagen, man solle nur Lebensmittel essen, die in der näheren Umgebung gewachsen sind. Hierin liegt viel Wahrheit, denn dadurch wird sichergestellt, daß Sie immer nur die jeweiligen Früchte, Salate, Gemüse und Nüsse essen, die sich in der Reifezeit befinden. Frische, reife Lebensmittel haben den höchsten Gehalt an Vitalstoffen, also Vitamine, Mineralstoffe, Enzyme usw. Diese Ernährung ist aber nur in tropischen oder subtropischen Gegenden konsequent möglich, wo eben das ganze Jahr über geeignete Lebensmittel für den menschlichen Verzehr heranwachsen. In kälteren Gegenden mit langen, kalten Wintermonaten ist es jedoch meistens nicht möglich, sich nur von heimischen Früchten usw. zu ernähren. Hier ist eine Ergänzung mit tropischen Früchten wie Zitrusfrüchten, Ananas, Papayas, Avocados usw. zu empfehlen.

Wir Menschen stammen ursprünglich aus der Palmzone, also aus subtropischen Zonen. Unsere Verdauungsorgane haben sich in Jahrmillionen der in diesen Gegenden wachsenden Früchten angepaßt und können sie auch heute noch gut verdauen. Deshalb lieben wir doch so sehr Apfelsinen, Bananen, Datteln, Feigen und andere saftige, süße Früchte aus dem sonnigen Süden.

Machen Sie es sich zur Regel, den Früchten der Saison den Vorzug zu geben. Weichen Sie auf Südfrüchte aus, wenn Sie keine heimischen Früchte, kein Gemüse und Salat mehr bekommen können. Tropische Früchte sind immer noch hundertmal besser als Konservenfrüchte, Tiefkühlkost oder gar Tierprodukte, Weißmehlprodukte oder andere Fabriknahrungsmittel.

Sie können natürlich im Winter auf Trockenfrüchte aus heimischer Erzeugung ausweichen. Aber diese haben nicht mehr den gleichen Nährwert wie frische Lebensmittel, insbesondere fehlt Ihnen der hohe Wasseranteil (siehe Kapitel 3).

Noch etwas möchte ich Ihnen sagen. Viele Böden sind durch die intensive Bewirtschaftung mit Kunstdüngern, Herbiziden und Schädlingsbekämpfungsmitteln belastet. Dies trifft sowohl auf die heimische Erzeugung als auch auf Lebensmittel tropischer Herkunft zu. Versuchen Sie – soweit es Ihnen möglich ist – Lebensmittel aus bio-organischem oder bio-dynamischem Anbau zu bekommen. Kaufen Sie direkt beim Bauern oder in Ihrem Naturkostladen. Wenn Sie einen Garten haben, so bauen Sie Ihr Obst und Gemüse selbst an. Nichts ist doch schöner, als im Frühjahr alles sprießen und wachsen zu sehen. Welcher Genuß ist es, wenn Sie Ihre eigenen Erdbeeren, Himbeeren, Kirschen, Salate und Gemüse ernten und essen können. Hier können Sie absolut sicher sein, daß es keine Schadstoffbelastungen geben kann.

Noch etwas: Die natürliche Gesundheitslehre schlägt vor, Lebensmittel bewußt aus verschiedenen Anbaugebieten zu beziehen, wenn die heimischen Böden mineralstoffarm oder durch Überbewirtschaftung ausgelaugt sind. Auf diese Weise verschaffen Sie sich besser die Möglichkeit, alle Vitalstoffe in ausreichender Menge zu erhalten.

Achten Sie aber darauf, daß Früchte und sonstige Lebensmittel aus organischem Anbau stammen und nicht aus Konservierungsgründen bestrahlt worden sind. Die immer mehr um sich greifende radioaktive Lebensmittelbestrahlung nimmt zu, und es wird höchste Zeit, daß der Verbraucher sich dagegen wehrt. In einigen US-Bundesstaaten ist die Bestrahlung nicht erlaubt, ebenso nicht in Deutschland. Bei Importware erfolgen zur Zeit aber noch keine Kontrollen. Es laufen aber Bestrebungen, daß bestrahlte Lebensmittel besonders gekennzeichnet werden.

Vergessen Sie auch nicht, Ihrem Speiseplan so oft wie möglich wildwachsende Beeren sowie Wildkräuter hinzuzufügen. Diese haben nachweislich einen viel höheren Vitalstoffgehalt als unsere Kulturpflanzen.

Auf den folgenden Seiten finden Sie Abbildungen über die Erntezeit von Obst, Salaten und Gemüse in Nordeuropa sowie Abbildungen über deutsche und ausländische Gemüsesorten und Salate, Küchenkräuter sowie exotische Früchte. Damit können sie sich bei der heutigen großen Auswahl besser zurechtfinden.

Vorsicht!

Mit dem RADURA-Symbol sollen laut EG-Beschluß bestrahlte Erzeugnisse in Zukunft gekennzeichnet werden. Es erweckt wohl eher den Anschein eines Umweltproduktes. Ein klarer Fall von

VERBRAUCHERTÄUSCHUNG!

Einheimische Früchte

APFEL
Klarapfel
früheste Apfelsorte (August)
vitamin- und mineralstoffreich
säuerlich, erfrischend
Frischverzehr, Obstsalat

PFLAUME
grüne Reneclaude
sehr süß, schwach säuerlich
reich an Mineralstoffen
Frischverzehr, Obstsalat

JOHANNISBEERE
rot
vitamin- und mineralstoffreich
sauer
Frischverzehr, Saft, Obstsalat

APFEL
Golden Delicius
Gibt es in verschiedenen Sorten
vitamin- und mineralstoffhaltig
gut haltbar, wässrig
Frischverzehr, Obstsalate, Säfte

ZWETSCHGE
Deutsche Hauszwetschge
Reich an Kalium, Kalzium
Magnesium und Phospor
Frischverzehr, Obstsalat

JOHANNISBEERE
schwarz
vitamin- und mineralstoffreich
mild, süßsäuerlich
Frischverzehr, Saft, Obstsalat

BIRNE
Bristol Cross
Späte Sorte
reich an Mineralstoffen
säuerlich-weiß, wässrig
Frischverzehr, Obstsalat

PFIRSICH
Roter Ingelheimer
Reich an Kalium, Kalzium und Natrium
süß, aromatisch, saftig
Frischverzehr, Saft, Obstsalat

STACHELBEERE
vitamin- und mineralstoffreich
mild, süß, aromatisch
Frischverzehr, Obstsalat

KIRSCHE
Süßkirsche
(Büttners rote Knorpel)
vitamin- und mineralstoffreich
süß, leicht aromatisch
Frischverzehr

APRIKOSE
sehr eisen- und siliziumhaltig
süß bis süß-säuerlich
Frischverzehr, Obstsalat

HIMBEERE
vitamin- und mineralstoffreich
süß, aromatisch, duftend
Frischverzehr, Obstsalat

*Die Übersichtstabellen können Sie auch als Wandtafeln in der Größe

Einheimische Früchte

BROMBEERE
besonders vitamin- und mineralstoffreich
mäßig aromatisch, süß-säuerlich
Frischverzehr, Obstsalat

HEIDELBEERE
vitamin- und mineralstoffreich
aromatisch, fruchtig, manchmal etwas mehlig
Frischverzehr, Obstsalat

ERDBEERE
reich an Mineralstoffen
süß-säuerlich, saftig
Frischverzehr, Obstsalat

WEINTRAUBE
sehr vitamin- und mineralstoffreich
süß bis säuerlich, aromatisch
Frischverzehr, Saft, Obstsalat

Zitrusfrüchte und andere Südfrüchte

MANDARINE
(Clementine)
sehr vitaminreich
süßer als Apfelsinen
Frischverzehr, Obstsalat

APFELSINE
sehr vitaminreich
süß bis säuerlich, erfrischend
Frischverzehr, Saft, Obstsalat

PAMPELMUSE
sehr vitaminreich
säuerlich-süß
Frischverzehr, Saft, Obstsalat

ZITRONE
sehr vitaminreich
sauer
Saft

BANANE
vitamin- und mineralstoffreich
(Kalium, Natrium, Magnesium)
süß
Frischverzehr, Obstsalat

ANANAS
sehr vitamin- und mineralstoffreich
(Kalzium, Natrium, Schwefel, Chlor)
fruchtig, süß-säuerlich
Frischverzehr, Saft, Obstsalat

LOQUAT
japanische Mispel
vitamin- und mineralstoffreich
süß-säuerlich
Frischverzehr, Obstsalat

MARACUJA
Passionsfrucht
sehr vitamin- und mineralstoffreich
sauer-süß, sehr aromatisch
Frischverzehr, Säfte

45 x 60 cm beim Verlag bestellen.

Exotische Früchte

APFELBANANE
Babybanane
süßlicher Geschmack
mit angenehmer Säure
Rohverzehr, bes. für Diabetiker,
Nachtisch, Salate

CHERIMOYA
Annona, Zimtapfel
hoher Gehalt an Traubenzucker
Frischverzehr, Nachtisch, Obstsalat

CRANBERRY
Amerikanische Preißelbeere
erfrischend herber Geschmack
Kompott, Soßen zu Wild und Fleisch

GUAYAVE
aromatische, duftende Frucht
überaus reich an Vitamin C
Frischverzehr, Obstsalat, Obsttorte

INGWER
knollige, beigefarbene Wurzelstöcke
würzig-scharfer Geschmack
Fleischgerichte, Obstsalate, Kompott

KAKI
Süßer Kakiapfel
sehr reich an Vitamin A und Zucker
Frischverzehr, Obstsalat, Quarkspeisen

KUMQUAT
Zwergorange
reich an Vitamin C
Süßspeisen, Mixgetränke, Konfitüre

LIMES
Limone, Limette
Vitamin-C-Gehalt, milde Säure
Getränke, Cocktails,
Frucht- und Salatsaucen

LITSCHI
Chinesische Haselnuß
Mineralstoffe, Vitamin C
Obstsalate, Kompott, Cocktails

PASSIONSFRUCHT
Maracuja
Gehalt an Vitamin B_{12} + C, Calcium
Fruchtsalate und Süßspeisen

PHYSALIS
Kapstachelbeere
Vitamin A + C, Calcium, Eisen
Tortenbelag, Obstsalat, Frischverzehr

POMELO
großfrüchtige Verwandte der Grapefruit
saftiges, festes Fruchtfleisch, hoher Vitamin-C-Gehalt. Rohverzehr, Fruchtsalate, Marmelade

*Die Übersichtstabellen können Sie auch als Wandtafeln in der Größe 45 x 60 cm

aus den Gärten der Welt

DATTEL

„orientalische Gaumenfreude"
reich an Vitamin A, Calcium, Eisen
Frischverzehr, Obstsalat, Konfekt

FEIGE

süßes, rosarotes Fruchtfleisch
zucker- und eiweißhaltig, Eisen
Vorspeisen, Desserts, zu Käseplatten

GRENADILE

tropische Frucht von
feinsäuerlichem Geschmack
saftiges Fruchtfleisch mit vielen
eßbaren Kernen
Rohverzehr, zu Eis, Fruchtsalaten

KAKTUSFEIGE

Frucht des Feigenkaktus
erfrischendes, durstlöschendes Fleisch
Frischverzehr, Obstsalat

KARAMBOLE

saftreich-saurer Durstlöscher
sehr hoher Vitamin-C-Gehalt
beimischen in
Obstsalate, Süßspeisen, Kompotte

KIWI

Chinesische Stachelbeere
besonders reich an Vitamin C
Obstsalate, Vorspeisen, Tortenbelag,
Fleischsalate

MANGO

aromatische Tropenfrucht
reich an Vitamin A, Calcium
Kompott, Vorspeisen, Obstsalate,
Mango-Chutney

MANGOSTANE

südostasiatische Frucht mit lederartiger
Schale. Feines, zartsäuerliches Aroma,
reich an Vitamin C.
Rohverzehr, für Fruchtsalate, Süßspeisen

PAPAYA

saftreiche Baummelone
hoher Vitamin-A-Gehalt
Kompott, Mixgetränke, unreif als Gemüse

RAMBUTAN

behaarte Frucht aus Südostasien
erfrischend süß-säuerlicher Geschmack
Rohverzehr, für Kompotte und
Fruchtsalate

TAMARILLO

Baumtomate
Vitamin A + C, Calcium
Frischverzehr und Fruchtsalate

ZUCKERROHR

bambusartige Rohrstücke
reich an Rohrzucker (Saccarose)
süße Knabberstücke

beim Verlag bestellen.

Gemüsespezialitäten

ARTISCHOCKE
Feinschmecker-Distel
Vitamin A, Calcium, Eisen
Vorspeisen, marinierte, überbackene Artischockenböden

AUBERGINE
Eierfrucht
kalorienarm, verlangt Knoblauch
Gemüse, Auflauf, gefüllt, überbacken

AVOCADO
Butter des Waldes
reich an ungesättigten Fettsäuren
Vorspeisen, gefüllt, Salate, Desserts

CHAYOTE
Xuxu, Gemüsekürbis
geschmacksneutral, Kern nußartig
Gemüse, Suppen, Vorspeisen

CHICORÉE
Brüsseler Salat
reich an Vitamin A, B_1 und B_2
Salat, gefüllt, überbacken

CHILLI
feurigscharfer Gewürzpaprika
reich an Vitaminen
Würze für Fleisch, Eintöpfe, Suppen

FRISÉE
gekrauste Winterendivie
vitaminreich, kalorienarm
Rohsalat der Wintermonate

GEMÜSEBANANE
Plantain
reich an Pro-Vitamin-A
vielseitiger Kartoffel- und Gemüseersatz

GEMÜSEZWIEBEL
großfrüchtig, mild im Geschmack
kalorienarm, vitaminreich
Suppen, gefüllt, Salate

OKRA
fingerlange, hellgrüne Schoten
Vitamin A, Calcium, Eisen
Gemüse, Stews, gebacken

PEPERONI
Gewürzpaprika
feurig-pikanter Geschmack
Suppen- und Gulaschbeigabe, eingelegt

RADICCHIO ROSSO
Bittere Zichorie
knackig, bitter-pikanter Geschmack
allein oder mit anderen Salaten gemischt

*Die Übersichtstabellen können Sie auch als Wandtafeln in der Größe 45 x 60 cm

aus den Gärten der Welt

BLEICHSELLERIE
Stangen- oder Staudensellerie
kalorienarm, reich an Mineralstoffen
Frischverzehr, Vorspeisen,
gedünstet, gratiniert

BROCCOLI
Spargel- oder Brökkelkohl
überaus vitaminreich (Carotin)
Zubereitung wie Blumenkohl

CARA
Maniok-Kartoffel-Art
mehlige Knollen
Rösten, Backen, Kochen

CHINAKOHL
ergiebiger Blätterkohl
kalorienarm, nicht blähend
roh als Salat, gekocht als Gemüse

EISBERGSALAT
knackig-feste Salatköpfe
kalorienarm, vitaminreich
Rohkost, Gemüse- und Obstsalate

FENCHEL
Knollen mit anisartigem Geschmack
reich an Mineralstoffen
(Kalium, Calcium, Eisen)
Salate, Gemüse, Käseplatten

GRÜNER SPARGEL
zart und von würzigem Geschmack
reich an Vitamin B und C, sowie Kalium
kalt und warm als Gemüse wie
Bleichspargel

KARELLA
Bittergurke
zartes, helles Fruchtfleisch
entbittert als Salat, Gemüse, eingelegt

LÖWENZAHN
junge, zarte Blätter
appetitanregend, vitaminreich
Rohsalat im Winter und Frühjahr

SQUASH
Pâtisson (Melonenkürbis)
kalorienarm, geschmacksneutral
Mus, überbacken, gefüllt

ZUCCHINI
Courgette
kalorienarm, reich an Vitamin A
Gemüse, Salate, gefüllt

ZUCKERMAIS
Kukuruz
süßliche, hellgelbe Kolben
Rösten, Grillen, Salat, Gemüse

beim Verlag bestellen.

Aus dem Kräutergarten -

BASILIKUM
Aromatisch, pfefferartig, starke Würzkraft
für Rohkost und Diät (Pfefferersatz)
zu Salaten, Suppen, Saucen, Fischgerichten

BEIFUSS
Leicht bittere Würze, verdauungsfördernd
in geringen Mengen verwenden für
Gänse-, Enten-, Hammel- und
Schweinebraten, Spinat, Pilze

BOHNENKRAUT
Pfefferartiger Geschmack
appetitanregend, magenfreundlich
zu Hülsenfrüchten, Fleisch,
Salaten, Suppen, Fisch

KERBEL
Würziges an Anis erinnerndes Aroma
fördert Stoffwechsel
köstliches Suppengewürz
zu Rohkost, Salaten, Kräuterbutter,
Quark, Gemüsen

KORIANDER
Samen von süßlich-würzigem Geschmack
gegen Blähungen
schmackhafte Würze von Gebäck und Brot
zu Fleisch- und Wildbeizen

KÜMMEL
Früchte stark würzig
magenfreundlich, verdauungsfördernd
zu Fleisch- und Kohlgerichten, Quark,
Suppen, Käse, verschiedenen Brotarten

PETERSILIE
Stark würzig, blutreinigend, hoher Gehalt
an Vitamin C – unentbehrlich in der Küche
für Suppen, Saucen, Salate,
Kartoffelspeisen, Gemüse

PIMPINELLE
Pikanter Geschmack, vitaminreich
Bestandteil des Kräuteressig
für Rohkostplatten, Salate, Eier-
und Fischspeisen

PORTULAK
Frischer, leicht salziger Geschmack
gegen Sodbrennen
Salzersatz bei Diätspeisen
zu Kräutersaucen, Quark, Salaten, Suppen

SCHNITTSELLERIE
Kräftig würzend, harntreibend
Blätter zu Suppen, Gemüseeintöpfen,
Quark, Saucen, Fischgerichten

THYMIAN
Von aromatischer Würze
magen- und darmstärkend
in geringen Dosierungen zu Fleischgerichten,
Gemüsesuppen, Tomatensalaten

TRIPMADAM
Säuerlich-aromatischer Geschmack
sparsam verwenden
für Diät und Rohkost
zu Salaten, Suppen, Aal- und Fischgerichten

*Die Übersichtstabellen können Sie auch als Wandtafeln in der Größe 45 x 60 cm

frisch und würzig

DILL
Frisches, würziges Aroma
verdauungsfördernd, beruhigend
Dillsaucen zu Fischen, Meeresfrüchten
und Rindfleisch, für Salate, Kräuterquark,
sauer eingelegte Gemüse

ESTRAGON
Würzig-aromatischer Geschmack
gegen Appetitlosigkeit,
Verdauungsbeschwerden
zu Saucen, Majonnaisen, Salaten,
Wild- und Sauerbraten, Kräuteressig

GARTENKRESSE
Pikant-scharfer Geschmack, reich an Vitamin C
für Frühlingskuren, als Rohkost zu Butterbrot
für Salate, Rühreier, Kräutersaucen,
kalte Platten

LIEBSTÖCKEL
Aromatischer, maggiartiger Geschmack
verdauungsfördernd
in kleinen Dosierungen an Suppen,
Saucen, Gemüse, Fischgerichte

MAJORAN
Stark würziges Aroma, appetitanregend
frische Blättchen
zu Butterbrot und Kräuterbutter
getrocknet typisches Wurstgewürz
für Suppen und Saucen

MINZE
Erfrischender Mentholgeschmack
beruhigend bei Darm- und Magenbeschwerden
für Diät- und Rohkost
zu Suppen, Salaten, Hammelbraten

SALBEI
Stark würziger Geschmack, magenfreundlich
für Diät und Rohkost
in Kräutermischungen zu Braten und
Eintöpfen, besonders bei fettreichem Fleisch

SAUERAMPFER
Erfrischend-säuerlich, sehr reich an Vitamin C
blutreinigend
würzend für Salate, Quark, Spinat und
Suppen, schmackhaft als Gemüse und Salat

SCHNITTLAUCH
Zwiebelartiger Geschmack, hoher Vitamin-C-
Gehalt, nicht mitkochen, unentbehrlich in der
Diätküche und als Rohkost
zu Salaten, Quark, Saucen, Kartoffel-
und Eierspeisen, Fleisch, Fisch

WERMUT
Stark bitteres Aroma, magenstärkend
in kleinsten Dosierungen zu Braten aller Art
als Tee unentbehrlich in der Heilkunde

YSOP
Süßlich-würzig
mit leicht bitterem Nachgeschmack
für Diät und Rohkost, zu Salaten,
Kräutersaucen, Fleisch- und Kartoffelgerichten

ZITRONENMELISSE
Zitronenartiger Geschmack, leicht bitterlich
nicht mitkochen – für Kräutermischungen,
Salatwürze, Quark, Kräuterbutter,
Fruchtsuppen, sauren Gemüseeinlagen
(Zitronenersatz)

beim Verlag bestellen.

SAISON-KALENDER

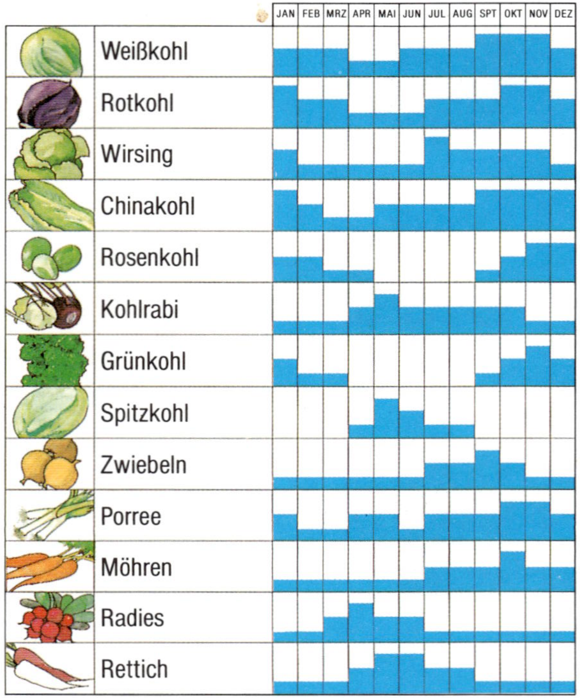

Nachdruck mit Genehmigung der CMA, Bad Godesberg

Kapitel 5

SonnenKost-Rezepte

Die SonnenKost-Rezepte sollen als Hinweise dienen. Ihren eigenen Gestaltungsmöglichkeiten sind keine Grenzen gesetzt. Kaufen Sie möglichst Obst, Gemüse oder Salat der Saison ein. Das schmeckt meistens am besten. Am vorteilhaftesten ist es, wenn Sie direkt beim Bauern oder im Naturkostladen aus bio-organischem Anbau einkaufen.

Wir stellen auch Rezepte vor, die von reiner SonnenKost abweichen, denn für manche Menschen ist eine sofortige Umstellung auf 100%ige Rohkost nicht angebracht, da sie zu stark verschlackt sind. Die Umstellung sollte dann langsam mit einer sogenannten »**Übergangskost**« erfolgen (siehe auch »Fit für´s Leben I und II«, damit es nicht zu stärkeren Ausscheidungskrisen kommt.

Sie kennen sicher die Qualitätseinstufungen mit 1-5 Sternen, wobei 5 Sterne an der Spitze und 1 Stern am Schluß steht. Wir wenden diese Klassifizierung für alle Rezepte mit Ausnahme von einigen wenigen Rezepten, die Fleisch und/oder Eier enthalten, an. (Siehe nächste Seite).

Rezept-Bewertung für SonnenKost

***** Gerichte, die nur aus frischen, rohen Früchten, Salaten und richtig kombiniert sind (siehe Lebensmittelkombinationstabelle).
Wenn gekochte Beigaben gemacht werden, wird 1 Stern abgezogen, ein Abzug erfolgt auch, wenn falsch kombiniert wird, desgleichen wenn Gewürze verwendet werden.

**** Gerichte mit gekochten Beigaben ohne Gewürze. Gut verträgliche Kombinationen mit Gewürzen. Schlecht verträgliche Kombinationen ohne Gewürze.

*** Schlecht verträgliche Kombinationen plus Gewürze mit gekochten Beigaben (Übergangskost).

** Gekochte Gerichte, richtig kombiniert. (Übergangskost).

* Gekochte Gerichte, schlecht kombiniert, mit Gewürzen oder sonstigen Beigaben (Übergangskost).

Sogenannte »Normalkost«, d. h. Mischkost mit Fleisch, Fisch und Süßspeisen wird nicht bewertet.

Wichtige Ernährungsregeln

1. **Obst allein auf leeren Magen essen.**
Also nicht mischen mit anderen Speisen! Obst immer **vor** einer Mahlzeit essen, **nicht** als Nachspeise. **Fruchtsäfte** nur frisch gepreßt trinken!
2. **Kohlenhydrate nicht mit Eiweiß mischen.**
Also Kartoffeln, Reis, Nudeln, Brot **nicht** mit Fleisch, Fisch, Eier, Milch und Käse mischen.
3. **Salate und Gemüse entweder mit Kohlenhydraten oder mit Eiweißprodukten mischen, aber nicht mit beiden.**
Also: Salate und Gemüse können entweder mit Kartoffeln, Reis, Nudeln oder Brot gemischt werden **oder** mit Fleisch, Fisch, Eier, Milch, Käse (nur wenn Sie meinen, unbedingt noch tierische Produkte essen zu müssen, was eigentlich weder notwendig noch wünschenswert ist) **Gemüsesäfte** nur frisch gepreßt trinken!
4. **Eiweißprodukte nur mit Gemüse und Salat mischen.**
Also: Fleisch, Fisch, Eier, Milch und Käse (wenn überhaupt) nur mit Gemüse und Salat mischen, nicht aber mit Kohlenhydraten wie Kartoffeln, Reis, Nudeln und Brot.
5. **Salate natur servieren.**
Also: Kein Essig und Öl oder Dressing untermischen. Wenn unbedingt gewünscht, Salatsoßen separat servieren.
6. **Verzichten Sie weitgehend auf gekochte Nahrung, Fabriknahrungsmittel, Öle und Fette und scharfe Gewürze einschließlich Salz.**
Verwenden Sie möglichst Lebensmittel aus organischem Anbau und als Gewürze frische (oder getrocknete) Kräuter.

Weitere Hinweise siehe Lebensmittel-Kombinationstabelle auf Seite 40.

Früchte und Fruchtsalate

»Ein Tag ohne Früchte ist ein Tag ohne Sonnenschein«, aber Früchte dürfen nie mit anderen Nahrungsmitteln kombiniert werden. Für sich allein gegessen, auf leeren Magen, gehen sie direkt in den Darmtrakt, wo sie verdaut werden. Früchte sind die am wenigsten dickmachenden, am besten reinigenden Lebensmittel auf der Welt. Von allen Lebensmitteln haben sie den höchsten Wassergehalt und sie wirken als Reinigungsmittel, und abgelagerte Abfallstoffe, die den Organismus verkleistern, werden schnell ausgeschieden.

Es ist außerordentlich wichtig, daß Früchte für sich allein gegessen werden. Sie enthalten ihre eigenen Verdauungsenzyme und werden im Darm nach einer raschen Passage durch den Magen verdaut.

Mit Ausnahme von Bananen, Avokados und Trockenfrüchten werden Früchte direkt in den Darmtrakt befördert. Werden Früchte zusammen mit anderen Lebensmitteln gegessen, wird ihre Verdauung behindert, und sie beginnen im Magen zu gären und verursachen dadurch Blähungen und Verdauungsstörungen.

Der Glaube, Obst mache dick, beruht auf einem Mißverständnis. In der Regel wird es zur falschen Zeit und zusammen mit anderen Nahrungsmitteln gegessen. Wenn Sie Ihren Körper reinigen wollen und dabei Obst als »Reinigungsmittel« benutzen, dürfen Sie nicht den Fehler machen, sich mit anderen Nahrungsmitteln vollzustopfen, bevor Sie Obst essen. Wenn Ihr Magen leer ist, greifen sie zu Früchten (oder Fruchtsäften) ehe Sie irgend etwas anderes essen. So können die Früchte zuerst den Verdaungstrakt passieren.

Die große Vielfalt an Früchten macht die Zubereitung von Fruchtsalaten zu einem Erlebnis, das immer wieder neue Überraschungen bringt. Bevorzugen Sie nach Möglichkeit organisch gewachsene Früchte, also Früchte, die nicht mit Insektenbekämpfungsmitteln besprüht wurden. Organisch gewachsene Früchte sehen nicht immer perfekt aus, sind in der Regel jedoch viel geschmackvoller und haben ein festeres Fruchtfleisch als Massenware.

Es kann sein, daß einige Obstsorten in Ihrer Gegend nicht erhältlich sind. Nehmen Sie, was Sie bekommen können, am besten Obst der jeweiligen Jahreszeit. So erhalten sie die frischeste Ware. Die meisten Äpfel, die z.B. im Frühling angeboten werden, lagern seit dem Herbst. Auch mit nur drei oder vier verschiedenen Früchten kann ein Fruchtsalat eine Delikatesse sein.

Achten Sie darauf, daß Fruchtsalate nicht zusammen mit anderen Speisen gegessen werden. Servieren Sie die Portionen groß genug, so daß sie eine sättigende Mahlzeit bilden. Wenn Sie eine große Portion Fruchtsalat zum Frühstück essen, werden Sie mit Staunen feststellen, welche Menge an Energie Sie dann für den ganzen Tag haben. Diese Energie ist nicht zu vergleichen mit der Pseudoenergie, die Ihnen Ihr Morgenkaffee zu geben scheint, in Wirklichkeit aber eine unnatürliche Stimulierung ist, die dem Körper teuer zu stehen kommt. Die anregende Wirkung des Kaffees ist nichts anderes, als die Bemühung des Körpers, sich so schnell wie möglich von dieser für ihn schädlichen Substanz wieder zu befreien.

In warmen Sommermonaten ist ein großer Fruchtsalat eine vollständige Mittags- oder Abendmahlzeit. Wenn Sie gelegentlich Ihren Fruchtsalat als Teil einer Mahlzeit, z.B. zusammen mit anderen Speisen essen wollen, dann achten Sie darauf, den Fruchtsalat immer **vor** der Mahlzeit zu essen. Essen Sie unter gar keinen Umständen den Fruchtsalat unmittelbar nach einer Mahlzeit, wie es allgemein üblich ist.

Die reinigende Wirkung ist dann verloren und – falls Ihr Organismus nicht schon durch jahrelangen Mißbrauch unempfindlich und abgestumpft ist – müssen Sie mit Verdauungsbeschwerden rechnen, wenn die Früchte in Ihrem Magen anfangen zu gären. Ein »Verdauungsschnaps« oder Magentabletten sind keine gute Alternative. Im Laufe der Jahre führt dies unweigerlich zu Magen- und Darmkrankheiten.

Fruchtsalate für den Frühling und Sommer

Aprikosen	Bananen	Erdbeeren
Blaubeeren	Melonen	Brombeeren
Feigen	Trauben	Kirschen
Mangos	Nektarinen	Kiwis
Pfirsiche	Ananas	Papayas
Himbeeren	Pflaumen	Backpflaumen

Alle diese Fruchtsorten können untereinander gemischt werden. Nach dem Prinzip der richtigen Lebensmittelkombination sollten Melonen allerdings für sich allein gegessen werden, sie können aber zu Beginn Ihrer Ernährungsumstellung Ihren Fruchtsalaten zugefügt werden. Später, wenn sich Ihr Geschmacksempfinden verfeinert hat, werden Ihnen die Melonen besser schmecken, wenn Sie sie für sich allein essen.

Manche Sommerfrüchte eignen sich ausgezeichnet für Fruchtsoßen. Die Früchte werden in einem Mixer püriert und über den Fruchtsalat gegossen. Folgende Früchte eignen sich hierfür besonders gut:

Bananen – Pfirsiche	Mangos
Mangos – Papayas	Papayas – Feigen
Pfirsiche – Aprikosen	Erdbeeren – Bananen
Erbeeren – Papayas	

Sie können auch andere Mischungen ausprobieren. Auch frischer Orangensaft ergibt eine gute Soße.

Fruchtsalate für den Herbst und Winter

Ananas	Äpfel	Bananen
Datteln	getrocknete Feigen	Pampelmusen
Trauben	Pfirsiche	Kiwis
Orangen	Nektarinen	Papayas
Grapefruits	Pfirsiche	Dattelpflaumen (Kakis)
Rosinen	Tangarinen	
Birnen	Mandarinen	Clementinen
getrocknete Pflaumen		

Für Herbst-/Winterfruchtsalate sind Rosinen eine wichtige Beigabe. Sie versorgen uns mit konzentriertem Fruchtzucker, der im Winter weniger vorhanden ist als im Sommer.

Im Mixer pürierte Pfirsiche ergeben eine ausgezeichnete Soße für Winterfruchtsalate. Sie können aber auch Birnen, Bananen und Rosinen im Mixer pürieren.

Eine besonders delikate Soße kann aus Dattelpflaumen (Kakis) hergestellt werden. Sie haben im Reifezustand die Festigkeit einer Soße: sie müssen lediglich geschält und unter den Salat gemischt werden.

Verwenden Sie getrocknete Früchte nur sparsam. Sie sind hoch konzentriert, und manche Leute essen viel zu viel davon. Es ist ratsam, Trockenfrüchte für eine kurze Zeit in

Wasser einzuweichen (am besten in destilliertem Wasser), um ihnen vor dem Verzehr einen Teil der Feuchtigkeit zurückzugeben. In einem Fruchtsalat werden sie am besten aufgeschnitten verwendet.

Tropischer Fruchtsalat *****

2 Portionen

1 große Navelorange
1 Papaya
ca. 50 g Erdbeeren
2 Bananen
2 Eßlöffel frisch geriebene Kokosnuß
1 große reife Mango (oder 2–3 kleine)
1 Apfel
1 Tasse frische Ananasstücke

Schälen Sie die Orange und schneiden Sie sie quer zu den Spalten in Scheiben. Schälen Sie die Mangos und schneiden Sie den Kern heraus. Halbieren Sie die Papaya, entfernen Sie die Kerne und schälen Sie die Frucht und teilen Sie sie in Stücke. Schneiden Sie die Erdbeeren in Scheiben. Entkernen und würfeln sie den Apfel. Fügen Sie Bananenscheiben und Ananaswürfel hinzu. Dann alle Früchte in einer großen Schüssel gut mischen. Mit Kokosnußraspeln bestreuen. Vergessen Sie nicht, den Fruchtsalat auf leeren Magen zu essen! Wenn Sie keine tropischen Früchte bekommen können, gibt es sie bestimmt in einem Spezialgeschäft. Die Kosten werden mehr als aufgewogen bei einer solchen Delikatesse.

Leichter Obstsalat *****

2 Portionen

2 Äpfel entkernt, geschält und in Scheiben geschnitten
1/2 Teelöffel Zimt (nach Wunsch)
2 Orangen geschält und in Scheiben geschnitten
2 Bananen in Scheiben geschnitten
2 Eßlöffel Rosinen
1/4-1/2 Tasse frischer
Orangen- oder Apfelsaft (nach Wunsch)

Äpfel in großer Schüssel in Zimt wälzen, bis sie gleichmäßig bedeckt sind. Orangen und Bananen zugeben. Die Rosinen sollen die Fruchtzuckerkonzentration erhöhen. Da Obst nicht immer süß genug ist, kann der Salat durch die Beigabe von Rosinen energiemäßig aufgewertet werden. Sie können auch jedem anderen Obstsalat durch die Beigabe von Rosinen eine besondere Note verleihen.

Diese Zugabe bedeutet mehr Energie!

Marilyn´s Obstsalat *****

4 Portionen

1 Ananas
1–2 Bananen
4 Kiwis
4 Apfelsinen
1 Tasse Erdbeeren
2 Handvoll eingeweichte Rosinen
2 kleine Stangensellerie

Ananas zerteilen, Bananen und Kiwis schälen und in Scheiben schneiden, Apfelsinen aufteilen, Erdbeeren gut waschen, Stangensellerie in Stücke schneiden.

Alles hübsch auf dem Teller anordnen oder durcheinandermischen. Rosinen darüber streuen.

Als volle Mahlzeit servieren.

Frühstücks-Obstplatte *****

6 Portionen

1 Honigmelone in Würfel geteilt
3 Wasser-Melonen (Kugeln oder Schnitten)
4 Kiwi geschält und in Scheiben geschnitten
1 große oder 2 kleine Papayas geschält und in Scheiben geschnitten
2-3 Tassen Weintrauben
1 große Birne geschält und in Stifte oder Scheiben geschnitten

Melonen, Kiwis, Papayas und Trauben auf einer großen runden Platte anrichten. Wenn Sie möchten, Trauben und Birnenscheiben abwechselnd um den Rand legen.

Obstsalat (im Apfel) *****

2–3 Portionen

2 Äpfel
1 kleine Ananas
1 Grapefruit
1 Tasse Kirschen

Suchen Sie gutaussehende Äpfel aus. Schneiden Sie das obere Stück ab und entfernen Sie das innere Fleisch des Apfels. Hacken Sie das Innere der Äpfel und Ananas zusammen mit Grapefruit, Kirschen (oder Weintrauben, Johannis- oder Stachelbeeren – je nach Saison) zu gleichen Teilen. Fügen Sie etwas Zitronensaft hinzu. Süßen Sie mit Honig auf Wunsch und geben Sie alles in die Schalen der Äpfel. Streuen Sie etwas geriebene Kokosnuß darüber.

Sommerlicher Früchtecocktail ***** 6 Portionen

1 Honigmelone
1 Tasse Erdbeeren
1 Tasse Himbeeren
1 Tasse Brombeeren
1 Birne
1 Nektarine oder Pfirsich
1 reife Mango
10 Kumquats
2 Apfelbananen
1 Tasse Heidelbeeren
Mark von Erdbeeren und Heidelbeeren
1 Bund Zitronenmelisse oder Pfefferminze
1 Tasse gemahlene Pistazienkerne

Melone halbieren und Fruchtfleisch in kleine Würfel schneiden. Die anderen Früchte waschen und ebenfalls in Würfel oder Scheiben schneiden. Früchte in halbierter Melone und außen herum arrangieren.

Mit dem Mark von pürierten Erdbeeren und Heidelbeeren einen Rahmenspiegel vor den Cocktail ziehen und mit einem spitzen Gegenstand (Zahnstocher) ein Muster nach Ihrer Wahl und Phantasie zeichnen.

Die gemahlenen Pistazienkerne auf den Tellerrand streuen und mit Zitronenmelisse oder Minze garnieren.

Sommer-Fruchtsalat ***** 2 Portionen

1-2 Tassen Blaubeeren
1 Mango
2 Äpfel
2 Bananen

Mango schälen und das Fruchtfleisch vom Stein lösen und zerschneiden.
Blaubeeren waschen, Äpfel vierteln und in Scheiben schneiden. Bananen ebenfalls in Scheiben schneiden. Alle Zutaten mischen oder dekorativ auf einem Teller anrichten.

Fruchtsalat à la King ***** 2-3 Portionen

1 Zuckermelone
2 Kiwis
1 Birne
1 Avocado
1 Orange
100 g Kumquats
Zitrone

Melone in Stücke schneiden oder Kugeln ausstechen. Kiwis schälen und in Scheiben schneiden. Birne achteln, Avocados in Scheiben schneiden; mit Orangenscheiben und Kumquats garnieren; wer mag, kann etwa Zitronensaft über den Salat geben.
Anmerkung: Wenn Sie einen empfindlichen Magen haben, lassen Sie die Melone weg oder essen Sie diese 10 Minuten früher allein.

Herbstlicher Obstsalat ***** 2–3 Portionen

2 reife Birnen
2 reife Avocados
je 150 g blaue und grüne Trauben
1 kl. Honigmelone
Zitrone

Alles in Stücke schneiden und mischen und etwas Zitronensaft untermischen, oder die Zutaten in Scheiben schneiden und dekorativ auf einen Obstteller legen. Mit Zitronensaft beträufeln.

Winter-Obstsalat ***** 2 Portionen

2 Bananen
2 Äpfel
1 große Birne
2 Tangerinen
1 große Navelorange
1 große Dattelpflaume (Kaki), sehr reif und weich
1/2 Tasse Rosinen, 1/2 Stunde in warmem Wasser eingeweicht

Schälen und schneiden Sie die Bananen. Schälen, entkernen und würfeln Sie die Äpfel. Schälen, entkernen und schneiden Sie die Birne in Scheiben. Fügen Sie die geschälten und geteilten Tangerinen zu. Schälen Sie die Orange und schneiden Sie sie quer zu den Spalten in Scheiben. Fügen Sie die Dattelpflaume zu. Wenn sie reif genug ist, bildet sie eine cremige Soße. Geben Sie die Rosinen dazu und mischen Sie die Früchte in einer großen Schüssel gut durch.

Obstsalat mit Kakis *****
2–3 Portionen

1/2 Ananas (ca. 500 g)
3 Kiwis
3 Kakis (Dattelpflaumen)
Saft einer Orange

Ananas, Kiwis und Kakis in Stücke schneiden und mischen und mit dem Saft einer Orange beträufeln oder alles in Scheiben schneiden und schön auf einem Obstteller dekorieren.

Erdbeer-Kiwi-Salat *****
2 Portionen

2 Orangen quer oder in Scheiben geschnitten
2 Tassen Erdbeeren
2 große Kiwi geschält und in Scheiben geschnitten
1 Banane in Scheiben geschnitten
1 Eßlöffel Rosinen (nach Wunsch)

Die Früchte dekorativ auf einer Platte oder Teller anrichten oder Orangenscheiben auf einer Platte auslegen und die restlichen Früchte gemischt darauf verteilen.

Pfirsich-Melonen-Blumen *****

1 Portion

1 Pfirsich, in 8 Scheiben geschnitten
1/2 Netzmelone zu 1/2 cm Kugeln ausgestochen oder in Scheiben geschnitten
1/4 Honigmelone, in 1/2 cm Kugeln ausgestochen
einige rote Weintrauben ohne Kerne, halbiert
einige frische Minzenblätter

Gruppieren Sie die Pfirsich- u. Melonenscheiben ringförmig um den Rand. Formen Sie aus den Traubenhälften Blumen und garnieren Sie die Traubenblumen mit Minzenblättern. Ein sehr hübscher 1. Gang. Minzenblätter in die Mitte legen – Trauben halbieren und anrichten.

Kaki und Cherimoya

Kaki *****

Kakis stammen ursprünglich aus Ostasien, und zwar aus China, Korea und Japan. Seit 1840 wird die Kaki in Südfrankreich kultiviert und breitete sich von da aus nach Italien, nach Spanien und in die Südschweiz aus.

Die Kaki ist adstringierend, wenn sie nicht völlig reif und weich geworden ist. Die Ursache dafür liegt in ihrem hohen Gerbstoffgehalt, der sich später verliert. Manche Kakis sind hellgelb, andere dunkelorange.

Kauft man harte Kakis, so müssen sie bei Zimmertemperatur so lange aufbewahrt werden, bis sie butterweich sind. Die Khaki ist eine der Früchte, die am meisten mit Provitamin A ausgestattet ist. Anstatt Babys mit Karotten zu füttern, kann man ihnen also ebensogut Khakis geben.

Kakis sind auch unter dem Namen Persimonen und Dattelpflaumen bekannt.

Cherimoya *****

Die Cherimoya ist eine der schmackhaftesten Tropenfrüchte, die es gibt.

Das Fruchtfleisch ist meist weiß oder cremefarben, die Fruchtform rund bis herzförmig oder konisch-rund. Das Aroma der Cherimoya erinnert in Konsistenz und Süße an Birne, im leichten, edlen Harzgeschmack an Mango mit bei manchen Sorten angenehmer Säure.

Am besten schmecken die reif unter dem Baum gegessenen Cherimoyas. Die Cherimoya ist eßreif, wenn ihre Haut auf leichten Druck nachgibt. Sie ist leicht verdaulich. Sie enthält viel Vitamin B_1, B_2, Kalzium, Phosphor und Eisen.

Ananas *****

Suchen Sie reife Ananasfrüchte aus. Das erkennen Sie am besten daran, daß die Blume (die oberen grünen Blätter) locker und leicht herausgedreht werden kann. Schneiden Sie die Ananas entweder in Schiffchen, in Scheiben oder in Würfel.

Papaya *****

Auch Papayas schmecken nur, wenn sie richtig reif sind. Achten Sie beim Einkauf darauf, daß die Früchte weich sind (aber nicht matschig). Schneiden Sie die Papaya in 2 Hälften und entfernen Sie sorgfältig die Kerne.

Melonen *****

Es gibt nichts besseres als eine Reinigungskur mit Melonen.

Essen Sie für eine Woche nichts anderes als Melonen (oder trinken Sie Melonensaft). Damit erreichen Sie, daß Stoffwechselrückstände wirkungsvoll ausgeschieden werden. Sie können dabei 4-8 Pfund verlieren – und fühlen sich wie neugeboren.

Essen Sie Melonen, so oft Sie können. Damit schützen Sie Ihre Gesundheit.

Essen Sie Melonen immer allein und auf leeren Magen. Melonen passieren den Magen in ca. 10 Minuten. Deshalb sollen sie nicht mit langsamer verdaulichen Lebensmitteln gemischt werden.

Ananas, Mangos, Kiwis und Papayas *****

Am besten ist es, wenn Sie die Früchte **allein** als Monokost essen.

So schön können Früchte angerichtet und dekoriert werden! Da läuft doch jedem das Wasser im Munde zusammen.

Wenn Sie Früchte mischen, achten Sie auf die richtige Kombination!

Melonenkompott mit Minze ***** 6–8 Portionen

Minze und Melone sind beide im Sommer als Erfrischung geeignet. Nebenbei spendet die Minze eine Menge Kalzium, neutralisiert Säure im Magen und ist eine gute Verdauungshilfe. Sie ist weit mehr als nur Aroma und Dekoration.

1 kleine Honigmelone
1 mittlere Cantaloupe-Melone oder eine
kleine persische Melone
1/4 einer mittelgroßen oder 1/2 kleine Wassermelone
1/4 Tasse frisch gehackte Minzenblätter

1. Teilen Sie die Honig- und die Cantaloupe-Melone in zwei Hälften und entfernen Sie die Kerne. Entfernen Sie aus der Wassermelone so viele Kerne wie möglich.
2. Mit einem entsprechenden Gerät Bälle aus den Melonen schneiden und
3. in der Minze wälzen. Zugedeckt mindestens 3 Stunden kühlen, damit das Kompott durchziehen kann.

Rosen-Sonnensalat ***** 2 Portionen

1 Honigmelone
1/2 kg Erdbeeren
1 Tasse Monats-Erdbeeren
1 Tasse Hagebutten entkernt (Hundsrose)
1 gelbe Duftrose

Die Honigmelone entkernen und würfeln. Die Erdbeeren waschen und halbieren. Die Hagebutten waschen, entfernen und grob hacken. Alles mischen; die vorbereiteten Monatserdbeeren darüberstreuen und ganz leicht untermischen. Eine schöne gelbe Duftrose sauber pusten und auf den Salat legen. Den Salat gut abdecken. Am besten draußen servieren. Man genießt zuerst den Duft und dann den köstlichen Geschmack.

Gekochte Früchte

Wenn Sie die Rezepte in diesem Buch durchsehen, werden Sie bemerken, daß keines von allen gekochte Früchte beinhaltet. *»Nun, was stimmt nicht mit gekochten Früchten?«* werden Sie fragen. Nichts stimmt! In seinem natürlichen Zustand ist Obst ohne jeden Zweifel das beste Lebensmittel, das Sie essen können. Ist es jedoch durch Erhitzen verändert, gehen seine Vorzüge verloren und, anstatt Ihr Wohlbefinden zu fördern, wirkt es in Ihrem Körper stark säurebildend. Säure hat eine degenerierende Wirkung, und die durch falsche Eßgewohnheiten in Ihrem Körper entstandene Säure fügt Ihren Organen viel Schaden zu. Es ist sehr wichtig, daß Sie die zarten Gewebe der Auskleidung Ihrer Organe vor dem Einfluß von Säure schützen.

Es ist ein allgemein gemachter Fehler, Früchte als säurebildend zu bezeichnen, weil sie als saure Früchte betrachtet werden. Im Körper sind **alle** Früchte alkalisch und neutralisieren die Säuren, die in Ihrem Körper durch falsche Eßgewohnheiten entstanden sind. Obst ist nur säurebildend, wenn es gekocht worden ist. In diesem Fall trägt es zur Verschlimmerung der Übersäuerung bei, anstatt ausgleichend zu wirken. Essen Sie also viel Früchte, aber meiden Sie gekochte Früchte!

Nüsse

Nüsse sind hoch konzentrierte Lebensmittel, und es bedarf eines guten Verdauungsapparates, um sie für den Organismus so nutzbar wie möglich zu machen.

Wenn Sie Ihren Nüsseverzehr nicht auf eine knappe Handvoll täglich beschränken können, ist es besser, sie ganz weg zu lassen. Zu viele Nüsse überlasten den Organismus und ihr gesundheitlicher Wert kommt überhaupt nicht zur Geltung.

Essen Sie nur rohe Nüsse! Durch Erhitzen werden Nüsse organisch verändert und dadurch sehr stark säurebildend. Am nahrhaftesten sind rohe Mandeln, dann Hickorynüsse, Pinienkerne, Walnüsse, Bucheckern und Haselnüsse. Erdnüsse sollten Sie meiden, denn es sind gar keine Nüsse, sondern Hülsenfrüchte und für den menschlichen Organismus in getrocknetem und geröstetem, meist auch noch gesalzenem Zustand besonders schädlich wegen ihrer extremen Säurebildung und ihrem niedrigen Wassergehalt.

Wenn Sie Nüsse essen wollen, gibt es zwei Möglichkeiten. Entweder als leichtes Mittagessen oder kleinen Imbiß mit Gurken oder Sellerie, oder in Form einer Nußmilch. Ein Teil Nüsse werden zu diesem Zweck mit vier Teilen Wasser in einem Mixer verflüssigt. Rezepte für Nuß- und Samenmilchgetränke finden Sie im Buch »Fit für's Leben«, Teil I.

Kapitel 6

Frische Säfte

Frisch gepreßte Obst- und Gemüsesäfte sind natürliche Reinigungsmittel für den menschlichen Körper. Sie wirken wie ein »Besen« und kehren Abfall- und Giftstoffe aus dem Körper.

Das Wasser aus den Säften ist reines, mit Sonnenkraft aufgeladenes Wasser, angereichert mit gesundheitsaufbauenden Vitaminen, organisch gebundenen Mineralien und wundervollen Enzymen.

Säfte spielen eine wichtige Rolle beim Aufbau eines reinen Körpers.

Apfelsaft, Ananassaft, Traubensaft, Orangensaft, Melonensaft, Kirschsaft, Brombeersaft, Erdbeersaft, Johannisbeersaft, Holunderbeersaft usw., sie alle sind der wahre Nektar der Götter.

Trinken Sie Säfte nur auf leeren Magen, d.h. immer 10 bis 20 Minuten vor dem Essen, am besten morgens. Säfte langsam, in kleinen Schlückchen trinken! Niemals ein Glas Saft auf einmal hinunterstürzen! Säfte auch nicht eisgekühlt trinken!

Frische Obst- und Gemüsesäfte sind entscheidende Bestandteile für eine gute Gesundheit. Beide sind gut für Ihr Wohlbefinden. Obstsäfte sind konzentrierte Energienahrung. Der Körper verwendet den in ihnen enthaltenen natürlichen Zucker zur Lösung angesammelter Schlacken und giftiger Stoffwechselrückstände und scheidet sie aus. Gemüsesäfte beschleunigen den Ausscheidungsprozeß und versorgen den Körper mit den notwendigen Aufbaustoffen für gesundes Blut, kräftige Knochen und Gewebe. Frische

Säfte bewirken ein größtmögliches Wohlbefinden bei geringstem Aufwand an Körperenergie.

Frische Obst- und Gemüsesäfte helfen uns, zu einer guten Gesundheit zu kommen. Schaffen Sie sich einen Entsafter an, am besten ein Gerät, das wie eine hydraulische Presse arbeitet. Die meisten auf dem Markt angebotenen Entsafter arbeiten mit hohen Geschwindigkeiten – ähnlich einer Zentrifuge – wodurch wichtige Enzyme und Vitamine beeinträchtigt werden können. Wenn Sie an die gesundheitlichen Vorteile denken, die sie bringen, dann ist ein solcher Entsafter* verhältnismäßig billig. (Siehe auch Seite 102)

Die im Supermarkt in Flaschen angebotenen Säfte können Sie mit einem frisch gepreßten Saft überhaupt nicht vergleichen. Säfte können nicht lange gelagert werden. Je länger sie stehen, umso mehr verlieren sie an lebensnotwendigen Elementen. Säfte sollten sofort nach der Zubereitung getrunken werden, dann haben sie den größten gesundheitlichen Wert. Vermeiden Sie auch pasteurisierte Säfte, denn sie sind durch Erhitzen denaturiert worden und sind dadurch säurebildend.

Obst- und Gemüsesäfte arbeiten Hand in Hand für uns. Fruchtsäfte lösen angesammelte Stoffwechselschlacken und fördern die Ausscheidung. Ihr konzentrierter natürlicher Zucker stellt lebenswichtige Energie zur Verfügung und beschleunigt den Ausscheidungsprozeß. Gemüsesäfte versorgen Sie mit wichtigen Elementen (besonders Mineralstoffe) zum Aufbau gesunden Blutes, kräftigen Knochenbaus und widerstandsfähigen Gewebes.

* Lieferhinweise für Entsafter erhalten Sie auf Anfrage bei der Gesellschaft für natürliche Lebenskunde e.V., 2862 Worpswede, Heinrich Vogelerweg 8

Obstsäfte

Am Morgen sollten Sie außer Obstsaft oder frischem Obst nichts zu sich nehmen. Obwohl immer wieder gesagt wird, ein herzhaftes Frühstück am Morgen ist notwendig, um Energie zu tanken, muß Ihnen Ihr gesunder Menschenverstand sagen, daß die Energie, die erforderlich ist, ein üppiges Frühstück zu verdauen, irgendwo herkommen muß. Sie kommt aus dem – nicht unerschöpflichen – Vorrat an Lebenskraft ihrer Energiereserve, die Ihnen zur Verfügung

steht. Es ist klar, daß man 2 Stunden nach so einem Frühstück dringend eine Tasse Kaffee benötigt, um nicht einzuschlafen. Sie haben ihre ganze Energie für die Verdauung aufgebraucht.

Nehmen Sie aber Fruchtsaft und/oder Obst zum Frühstück, bekommt Ihr Körper echte Energie. Während der Verdauung müssen alle Speisen in Glukose umgewandelt werden. Obstsaft ist Fruktose. Die Umwandlung von Fruktose in Glukose benötigt nur sehr wenig Energieaufwand. Deshalb versorgen Obstsäfte Sie mit echter Energie. Natürlicher Zucker steht dabei dem Körper unmittelbar zur Verfügung.

Wenn Sie am Morgen nur Obstsaft trinken, braucht Ihr Körper kein schweres Frühstück zu verdauen. Dadurch wird lebenswichtige Energie frei für andere Tätigkeiten. (Selbst ein sogenanntes »leichtes« Frühstück, das nur aus Kaffee und Toast besteht, verbraucht viel Körperenergie für die Verdauung. Kaffee ist schwer verdaulich. Eine einzige Tasse braucht 24 Stunden, um die Nieren zu durchlaufen). Wollen Sie am Morgen etwas Gehaltvolleres als nur Saft, dann essen Sie Obst. Wenn Ihnen der Übergang von Ihrem gewohnten Frühstück zu Saft oder Obst erst einmal gelungen ist, dann werden Sie mit Erstaunen feststellen, wieviel mehr Energie Sie am Morgen haben. Außerdem werden Sie feststellen, daß Sie überflüssiges Gewicht verlieren, mit dem Sie sich vielleicht schon lange herumgeschlagen haben. Durch ein Saft- oder Obstfrühstück ersparen Sie Ihrem Organismus viel Verdauungsarbeit.

Aus den folgenden Obstsorten können Sie reinigende und energiespendende Säfte herstellen:

Äpfel	Nicht schälen, nur das Kernhaus entfernen!
Ananas	Schale entfernen und große Stücke in den Entsafter geben. Der innere Teil muß nicht entfernt werden.
Grapefruit	Wie Orangensaft.
Honig-Melone	Schale und Kerne entfernen, in Stücke schneiden und in den Entsafter geben.
Orangen	Sie können sie schälen und in einen Entsafter geben. Ergibt einen dickflüssigen, schaumigen Saft. Oder sie halbieren die Früchte und pressen sie in einer Zitruspresse aus.
Trauben	Jede Sorte eignet sich. Die Kerne werden mit dem Fruchtbrei ausgeschieden. Traubensaft ist sehr konzentriert, man kann ihn mit Apfelsaft mischen (halb und halb).
Wassermelone	Schale entfernen, in Stücke schneiden und in den Entsafter geben. Sie erhalten einen außergewöhnlich reinigenden und erfrischenden Saft.

Viele Mischungen sind möglich, wie z.B. Apfel/Traubensaft, Orangen/Grapefruitsaft, Ananas/Orangensaft, Wassermelonen/Honigmelonensaft.

Wann immer Sie Appetit auf einen kräftigeren Saft haben, kombinieren Sie Äpfel mit Bananen oder Ananas mit Bananen. Erst die Banane durch den Entsafter geben, dann

Champion-Entsafter

Saftpresse – Gemüseraffel – Muspresse

Der Champion-Entsafter verarbeitet Obst, Gemüse, Kräuter und sogar Nüsse!

Ohne Hitze, ohne das Schleudern einer Zentrifuge!

Daher kein Verlust an Vitaminen, Enzymen und Mineralien!

Der Champion-Entsafter ist vielfältig einsetzbar für die Herstellung von Obst- und Gemüsesäften, Frischkostsalaten, Nußbutter, Eiscreme, Fruchtsorbets, Soßen, Pürees, Babynahrung, Kokosmilch usw.

Den vollen gesundheitlichen Wert haben Obst- und Gemüsesäfte nur, wenn Sie ohne Erhitzung, ohne Zentrifugalkräfte, nur durch Pressen hergestellt werden. Nur so bleiben Vitamine, Enzyme und Mineralien erhalten.

die saftige Frucht, um die sämige Banane durchzuspülen. Dies ergibt einen sehr sättigenden Morgentrunk.

Eine wichtige Regel gilt es im Zusammenhang mit Säften zu beherzigen:

Obstsäfte nur auf leeren Magen in kleinen Schlückchen ohne Eis trinken! Sie helfen das Verdauungssystem durchzuspülen und zu reinigen und stellen dem Körper gleichzeitig sofort verwertbare Energie zur Verfügung. Kommen Säfte in einen bereits gefüllten Magen, können sie nicht sofort aufgenommen werden und fangen an zu gären. Außerdem wird sofort der Verdauungsprozeß gestört, da die Verdauungssäfte verdünnt werden. Dies gilt sowohl für Obst- als auch für Gemüsesäfte. Ehe Sie Saft trinken, müssen nach einer Mahlzeit mindestens 2 Stunden vergangen sein.

Waren Sie bislang daran gewohnt, vor dem Essen ein alkoholisches Getränk zu sich zu nehmen, ersetzen Sie es durch ein Glas frischgepreßten Obst- oder Gemüsesaft. Dadurch wird die Verdauung der Mahlzeit erleichtert. Alkohol hat wegen seiner säure- und gärungsbildenden Eigenschaften eine abbauende (alternde) Wirkung auf die Organe. Im Gegensatz dazu sind frische Obst- und Gemüsesäfte durch ihre Reinigungskraft und ihre Fähigkeit, den Körper mit wichtigen Elementen zum Gewebeaufbau zu versorgen, verjüngend.

Wenn Sie gefrorene Bananen für Fruchtpürees verwenden, schälen Sie sie, stecken Sie sie in einen Plastikbeutel und legen Sie sie für einige Stunden in das Gefrierfach.

Auf den folgenden Seiten finden Sie Rezeptbeispiele, die Sie je nach Ihrem Geschmack variieren können. Nehmen Sie Ihre Lieblingsfrüchte bzw. Früchte der Saison und experimentieren Sie selbst!

Apfel-Dattelpüree *****

2 Bananen, frisch oder gefroren
2 Äpfel, geschält und entkernt
2–4 große Datteln, entkernt
1 Tasse frischer Apfelsaft

Geben Sie alle Zutaten in einen Mixer, den Sie solange laufen lassen, bis eine cremige Masse entstanden ist.

Erdbeer-Papayapüree *****

6–7 Erdbeeren, frisch oder gefroren
1 Papaya, aus der Schale gelöst
1 gefrorene Banane
1 Tasse frischer Orangensaft

Geben Sie alle Zutaten in einen Mixer, den Sie solange laufen lassen, bis eine cremige Masse entstanden ist.

Aprikosen-Pfirsichpüree *****

2 Pfirsiche, entsteint und, falls gewünscht, geschält
4 Aprikosen, entsteint
2 Bananen, frisch oder gefroren
1/2 Tasse frischer Orangen- oder Apfelsaft

Geben Sie alle Zutaten in einen Mixer, den Sie solange laufen lassen, bis eine cremige Masse entstanden ist.

Blaubeerpüree *****

1 Tasse Blaubeeren
2 Pfirsiche, entsteint und, falls gewünscht, geschält
1 gefrorene Banane
1 Tasse Orangen- oder Apfelsaft

Geben Sie alle Zutaten in einen Mixer, den Sie solange laufen lassen, bis eine cremige Masse entstanden ist.

Melonenpüree *****

1 Tasse Wassermelone
1 Tasse Honigmelone
1 Tasse Netzmelone

Geben Sie alle Zutaten in einen Mixer, den Sie solange laufen lassen, bis eine cremige Masse entstanden ist. Die Melonen können teilweise oder ganz in gefrorenem Zustand verwendet werden, falls sie ein kühleres, sämigeres Püree bevorzugen.

Früchte-Mosaik-Püree *****

6–8 Portionen

Servieren Sie dieses Früchtepüree als ersten Gang. Die kräftigen Farben, zart gemischt an den Berührungsstellen, der reine Geschmack ist für jede Mahlzeit eine künstlerische und ansprechende Ouvertüre. Trotz der einfachen und leichten Zubereitung hat dieses Gericht eine überraschend kreative Ausstrahlung.

4 Kiwis
1 Mango
1 Papaya
2–3 Birnen (ca. 1/2 Kilo)
2 Eßl. frischer Zitronensaft
16 Erdbeeren für das Püree, dazu 6–8 Stück zum Garnieren, Minzenblätter

1. Schälen und vierteln sie die Kiwis, pürieren Sie sie in einem Mixer und kühlen Sie sie 30 Minuten oder länger in einer Schüssel.
2. Schälen Sie die Mangofrucht, entfernen Sie den Kern und pürieren Sie sie in einem Mixer. Ebenfalls in einer Schüssel 30 Minuten oder länger durchkühlen lassen.
3. Halbieren, entkernen und schälen Sie die Papaya und verfahren Sie wie mit der Mangofrucht.
4. Schälen und vierteln Sie die Birnen. Entfernen Sie das Kernhaus. In eine Schüssel schneiden und mit Zitronensaft mischen. 10 Min. stehen lassen.
5. Putzen, pürieren und kühlen Sie die Erdbeeren. Beiseite stellen und die Birnen pürieren und kühlen.
6. Beginnen Sie in Uhrzeigerrichtung auf gekühlten Tellern mit dem Birnenpüree, dann mit dem Erdbeer-, Mango, Kiwi- und Papayapüree, indem Sie jeweils zwei Eßlöffel jeder Sorte auf die Teller geben. Leicht

schütteln, damit die Pürees sich gleichmäßig verteilen. Fahren Sie mit einem Messer durch, um so ein Mosaik entstehen zu lassen. Garnieren Sie das Mosaik mit Minzenblättern.

Gemüsesäfte

Möhrensaft (Karottensaft) *****

Vielleicht der wichtigste aller Gemüsesäfte. Ich empfehle ihn als Basis für alle anderen Gemüsesäfte. Die Möhren müssen nicht geschrappt werden. Es genügt, sie zu waschen und den Stielansatz abzuschneiden. Hören Sie nicht auf Leute, die Ihnen weismachen wollen, daß Sie von Möhrensaft eine gelbe Hautfarbe bekommen. Wenn sich Ihre Handflächen etwas gelblich färben, wenn Sie begonnen haben, größere Mengen Möhrensaft zu trinken, rührt es daher, daß sich die Leber reinigt. Durch überschüssige Galle kann eine solche vorübergehende Verfärbung entstehen. Diese leichte Verfärbung hat nichts mit dem in den Möhren enthaltenen Karotin zu tun und ist genaugenommen ein Zeichen für eine Verbesserung Ihrer Gesundheit. (Lesen Sie hierzu auch das Buch »Frische Frucht- und Gemüsesäfte« von *Dr. Norman W. Walker*)

Möhren-Selleriesaft *****

Bei der Herstellung dieses Saftes sollte der Sellerieanteil etwa 1/4 betragen. Dieser Saft ist besonders wichtig für die Übergangskost. Der hoch basische Sellerie neutralisiert den Säureüberschuß in Ihrem Körper, der durch Smog, Rauchen, Alkohol-, Fleisch-, Kaffee-, Zuckergenuß und dem Verzehr verarbeiteter Nahrungsmittel entstanden sind.

Wenn Sie versuchen, Fleisch oder Kaffee aufzugeben, Sie aber eine Mahlzeit gegessen haben, in der diese enthalten waren, sollten Sie unbedingt am nächsten Tag eine größere Menge Möhren-Selleriesaft auf leeren Magen trinken, um die Säure zu neutralisieren. Dieser Saft trägt auch zur Neutralisierung der Säuren bei, die durch den Verzehr von Milchprodukten entstanden sind. Wenn Sie dabei sind, das Rauchen aufzugeben – eine Angewohnheit, die den Körper in extremer Weise übersäuert – können Sie diesen Säureüberschuß durch Karotten-Selleriesaft neutralisieren. Je weniger Säure sich in Ihrem Körper befindet, umso geringer wird Ihr Verlangen nach Zigaretten. Wenn Sie sich in der Übergangsphase von der Fleisch- zur vegetarischen Kost befinden, empfiehlt es sich, täglich eine große Portion Möhren-Selleriesaft zu trinken.

Saft aus Karotten (Möhren), Sellerie, Spinat und Kopfsalatblättern *****

Verwenden Sie für diesen Saft etwa 1/3 des grünen Saftes auf 2/3 Möhrensaft. Dieser Saft hat eine stark abführende (reinigende Wirkung). Die im Spinat enthaltene organische Oxalsäure regt die Peristaltik der Därme an. Wenn Sie an Verstopfung leiden, ist dieser Saft eine große Hilfe. Sellerie gilt als natürliche Salzquelle und hilft Ihnen dadurch Ihren Salzverbrauch zu reduzieren. Sellerie hilft auch, starke Hitze in sehr heißen Ländern besser zu vertragen.

Saft aus Möhren, Gurken und Rüben *****

Drei Teile Gurkensaft (geschält), 1 Teil Rübensaft und acht Teile Karotten(Möhren)saft ergeben eine gute Mischung.

Gemischter Gemüsesaft *****

Mischen Sie nach Ihrem Geschmack die folgenden Gemüsesorten: Möhren, Sellerie, Tomaten, Spinat, Petersilie, grüner oder roter Paprika, Kopfsalat, Gurken oder Rüben. Egal, welche Ernährungsweise Sie bevorzugen, frische Obst- und Gemüsesäfte spielen eine wichtige Rolle dabei. Wichtig ist, diese Säfte in der richtigen Weise zu sich zu nehmen: **Auf leeren Magen,** nicht zu einer Mahlzeit, oder unmittelbar danach und nicht eisgekühlt, langsam in kleinen Schlückchen trinken. Obstsäfte haben im Organismus eine reinigende Wirkung, Gemüsesäfte eine aufbauende und regenerierende. Wenn Sie Säfte in Ihre Ernährungsgewohnheiten einschließen, werden Sie sofort ihre positive Wirkung verspüren.

Gemüsesaft-Cocktail *****

Rote Bete
Möhren
Sellerie
Petersilie

Rote Bete, Möhren und Sellerie auspressen und mischen. Etwas Petersiliensaft hinzugeben. Zur Geschmackseinstellung können Sie auch etwas Zitronensaft beigeben, dadurch verfärbt sich der Saft nicht so schnell. Säfte sofort nach dem Pressen in kleinen Schlückchen trinken, nicht hastig hinunterstürzen.

Frische Obst- und Gemüsesäfte reinigen den Körper. Sie sind die besten natürlichen Reinigungsmittel für den Menschen. Sie wirken wie ein »Besen« und kehren Abfälle und Giftstoffe aus dem Körper heraus.

Kapitel 7

Rohkost-Salate

»Täglich einen Salat und Du brauchst keinen Doktor«. Der beste Schritt zum Beginn einer neuen Ernährung ist »salatsüchtig« zu werden. Abgesehen von saftigen Früchten gibt es keine andere Nahrung, die den nötigen Wassergehalt besitzt, um die Körperfunktionen in optimaler Weise aufrechtzuerhalten.

Salat-Grundrezept *****

Die unten angegebenen Mengen sind ausreichend für einen großen Salat für 2 bis 3 Personen.

1 Kopf- oder Eissalat (oder eine andere Blattsalatsorte)
1 Bündel Spinatblätter (nach Wunsch)
2–3 reife Tomaten oder ca. 1/2 kg Kirschtomaten
1 Gurke
2–3 Tassen Sprossen z.B. Alfalfa-, rote Klee-, Mungobohnen-, Linsen-, Sonnenblumensprossen etc. Kopfsalat und Spinat waschen und abtropfen lassen. Den Kopfsalat schneiden oder in mundgerechte Stücke zerpflücken und in eine große Salatschüssel geben. Den Spinat fein geschnitten dazugeben. Die Tomaten in mundgerechte Stükke schneiden, die Gurke schälen und in Scheiben schneiden, zum Blattgrün geben. Nur wenn Sie europäische Gurkensorten oder Treibhausgurken verwenden, brauchen Sie sie nicht zu schälen. Viele Sorten sind gewachst. Zuletzt die Sprossen zufügen.

Die frischen Sprossen (oder Keimlinge) sind der wichtigste Bestandteil Ihres Salates. Auf Seite 69 des Buches »Überleben ins 21. Jahrhundert« erklärt der Autor *Viktoras Kulvinskas: »Die durch das Keimen hervorgerufenen chemischen Veränderungen aktivieren in den Samen eine Enzymfabrik, die im späteren Stadium des Wachstums nie wieder erreicht wird. Diese reichhaltige Enzymkonzentration führt zu erhöhter Enzymaktivität in Ihrem Stoffwechsel und bewirkt eine Regeneration des Blutkreislaufes und des Verdauungsvorganges.»*

Wenn Sie Ihre Keimlinge so frisch wie möglich essen wollen, stellen Sie sie am besten selber her. Das ist ein einfacher, vier Tage dauernder Vorgang mit einem Keimgerät. Sie können ein Keimgerät in Ihrem Naturkostladen kaufen. Am besten geht es mit Alfalfa, Mungobohnen oder Linsen. Diese Samen können Sie für gewöhnlich dort bekommen, wo Sie auch das Keimgerät kaufen. Dazu gibt es einige leicht zu befolgende Anweisungen.

In Ihrer neuen Ernährungsweise sollte es mindestens einmal täglich einen Salat nach dem Grundrezept geben. Dieser Salat läßt sich in der Übergangsphase (Umstellung) auch mit Eiern, Fleisch, Geflügel, Fisch, Käse, Nüssen und Samen kombinieren, aber auch mit Kohlenhydraten wie Brot, Körnern und Kartoffeln. Es ist eine gute Ergänzung zu einfachen oder phantasievollen Gemüsegerichten. Auch zu vielen reichhaltigeren Salatrezepten, wie sie später in diesem Kapitel aufgeführt werden, paßt er gut.

Ich kann gar nicht oft genug betonen, wie wichtig der tägliche Salat ist. Nichts anderes in Ihrer Ernährung – ausgenommen saftige Früchte – enthält die nötige Wassermenge, die für eine optimale Funktion Ihres Körpers wichtig ist. Vergessen Sie nicht, daß Sie selbst überwiegend aus Wasser bestehen (65–70 %) und daß Sie sich auf dem Weg zu einem Ernährungsprogramm befinden, das überwiegend aus wasserhaltigen Lebensmitteln besteht.

Mit folgendem frischem Gemüse können Sie Ihren nach dem Grundrezept hergestellten täglichen Salat variieren:

Spargelspitzen	Artischocken
Rüben	Pilze
Brokkoli	Erbsen
Kohl	Rettiche (Radieschen)
Karotten	(sparsam verwenden, da
Blumenkohl	sie den Verdauungsapparat
Sellerie	reizen können)
Mais	Zucchini

Sie können Gemüse in dünne Scheiben schneiden, raffeln oder reiben oder mit einer Küchenmaschine zerkleinern.

Grundrezept für eine Salatsoße ****

2–3 Eßlöffel frisch gepreßter Zitronensaft
1/3 bis 1/2 Tasse
nicht raffiniertes Öl, z.B. Oliven-, Distel-, Sesam-, Sonnenblumen- oder Avocadoöl

Immer, wenn Sie Öl verwenden, nehmen Sie kaltgepreßtes Öl, das am leichtesten verdaut werden kann. Durch Erhitzung oder durch Raffination mit Lösemitteln hergestellte Öle können vom Körper nicht aufgenommen werden und verursachen Blockaden im Organismus.

Schlagen Sie das Öl und den Zitronensaft zu einer cremigen Salatsoße.

Nach Wunsch können der Grundsoße folgende Gewürze zugefügt werden:

1/4 bis 1/2 Teelöffel **Meersalz**. Achten Sie jedoch auf Ihren Salzverbrauch. Die schädlichen Auswirkungen des Salzes behindern Sie auf Ihrem Weg zur Gesundheit. Einem starken Bedürfnis nach Salz können Sie begegnen, indem Sie Ihren Stärkeverzehr reduzieren. Zuviel Salz in der Ernährung führt zu Wasseransammlungen im Gewebe. Wenn Sie eine kleine Menge Salz verwenden wollen, nehmen Sie besser natürliches Meersalz anstelle von normalem Kochsalz. Sie können Meersalz in allen Naturkostläden und auch in den meisten Supermärkten bekommen.

1/4 bis 1/2 Teelöffel **Kräutergewürz**. Auf dem Markt befinden sich verschiedene Sorten, aber achten Sie auf chemische Zusätze.

1 Teelöffel bis 1 Eßlöffel **»Tamari«**. Hier handelt es sich um eine konzentrierte, ziemlich salzige Sojasoße, die Sie nur sehr sparsam verwenden sollten.

1 **Knoblauchzehe**. Zwar finden viele Leute Knoblauch köstlich, es gibt aber Gründe, die dagegen sprechen, ihn zu häufig zu verwenden. Erstens reizt er die empfindliche Muskelauskleidung des Verdauungstraktes, zweitens wirkt er sehr stimulierend auf die Geschmacksnerven, so daß er das Verlangen nach schwerer Kost steigert. (Zwiebeln, Schalotten und Lauch haben die gleiche Wirkung). Wenn Sie Knoblauch in Ihrem Salat verwenden, reiben Sie damit nur die Schüssel aus, ehe Sie das Gemüse hineingeben.

1/4 bis 1 Teelöffel **Kräuter**. Sie können frisch oder getrocknet sein. Majoran, Basilikum, Thymian, Estragon, Petersilie sind am besten. Sie dürfen allerdings nicht zuviel davon verwenden, der Eigengeschmack anderer Zutaten darf nicht verdeckt werden. Man braucht nicht viel, um ihr

Aroma zu genießen, vor allem, wenn Sie sie bei der Verwendung zwischen den Fingern verreiben.

1 bis 2 Eßlöffel **Mayonnaise**. Wenn Sie in Ihren Salatsoßen Mayonnaise wegen ihrer cremigen Beschaffenheit nehmen wollen, sollten Sie darauf achten, daß die Mayonnaise keinen Zucker enthält. Die meisten handelsüblichen Sorten enthalten Zucker, ohne daß es auf dem Etikett vermerkt ist. In Naturkostläden gibt es gute mit Honig gesüßte Mayonnaisen. Am besten stellen Sie sich Ihre eigene Mayonnaise her.

1/2 bis 1 Teelöffel **Senf**. Das Problem ist, daß alle Senfsorten Essig enthalten. Die im Essig enthaltene Essigsäure behindert die Vorverdauung durch den Speichel und verlangsamt so die Verdauung der Kohlenhydrate. Nehmen Sie deshalb Senf nur in Ausnahmefällen.

Andere mögliche Zutaten sind:

Avocado. Diese Gemüsefrucht läßt sich gut mit Salat und Gemüse kombinieren. Avocados sollen in weichem, aber nicht musigem Zustand gegessen werden. Eine Möglichkeit ist, das Avocadofruchtfleisch gründlich mit einer Gabel zu zerdrücken und es als Soße zu verwenden. Avocados enthalten sehr viel natürliches Öl, deshalb verursachen sie bei manchen Leuten Unbehagen, wenn sie zusammen mit anderen Ölen, wie sie in Salatsoßen oder in Mayonnaisen vorkommen, verzehrt werden.

Käse. Wenn Sie Käse essen wollen, ist es am besten, ihn mit Salat zu kombinieren. Durch den hohen Wassergehalt des Salates und seiner Vielfalt an Verdauungsenzymen wirkt er den schleimbildenden Eigenschaften des Käses entgegen. Weiche Käsesorten, wie Hüttenkäse, Schweizer Käser und Münster Käse enthalten mehr Wasser als die härteren Sorten wie Chester, Holländer und Parmesankäse und sind deshalb vorzuziehen. Wichtig ist auch, fermentierte Käsesorten zu vermeiden, da sie extrem säurebildend sind. Gelbe Käsesorten sind auch zu meiden, da sie gefärbt sind. Ziegenmilchprodukte sollten Kuhmilchprodukten vorgezogen werden. Die enormen Mengen Kasein, die in der Kuhmilch (zum Aufbau der riesigen Knochen) enthalten sind, sind in Ziegenmilch nur in sehr geringem Umfang vorhanden.

Oliven. Verwenden Sie – sofern erhältlich – natürlich gebeizte Oliven, denen zum Zwecke der Haltbarkeit keine Milchsäure zugesetzt wurde. Oliven sind eine gute Quelle für natürliches Öl und machen Ihren Salat dadurch sättigender.

Samen. Sonnenblumen-, Sesam-, Kürbiskerne enthalten alle vitalen Aufbaustoffe und bilden eine gute Ergänzung zum Salat, wenn sie im Rohzustand sind. Geröstet sind sie nicht mehr nahrhaft, sondern säurebildend. Wegen Ihrer Konzentration sollten sie nur in kleinen Mengen verwendet werden. Ein bis zwei Teelöffel in Ihrem täglichen Salat genügen.

Wichtige Anmerkung:

Es wird nicht empfohlen, Ihrem Salat jedes Mal Avocados, Käse, Oliven und Samen zuzufügen, noch sollten Sie diese Zutaten alle zusammen verwenden. Es handelt sich hierbei um konzentrierte Nahrungsmittel, die länger brauchen, um das Verdauungssystem zu passieren. Verwenden Sie sie sparsam, so daß Sie Ihren leichten und reinigenden täglichen Salat nicht in eine schwere und belastende Mahlzeit verwandeln.

Ihr täglicher Salat

Der tägliche Salat in seiner Grundrezeptform kann eine gute Mahlzeit für sich allein sein, aber auch eine Beilage für alles, was Sie sonst noch essen wollen. Wichtig ist jedoch, daß dieser Salat die Grundlage Ihrer Hauptmahlzeit ist. Versuchen Sie sich vorzustellen, daß Ihre Mahlzeiten nur aus einem Gericht bestehen. Machen Sie einfach Ihren täglichen Grundsalat und ergänzen Sie ihn mit den Zutaten, die Sie dazu essen wollten. Wenn Sie noch in der Umstellphase sind, beispielsweise mit Reis oder Kartoffeln, oder mit gedämpftem Gemüse, wie Brokkoli, Zucchini, Karotten, Stangenbohnen oder Erbsen. Haben Sie Gelüste auf Makkaroni oder hin und wieder auf Roastbeef, Hühnchen oder Käse, so fügen Sie diese Zutaten Ihrem Salat zu. Es geht darum, daß Sie lernen, den Salat als Hauptgericht zu essen.

Was Sie außer den Grundzutaten Ihrem Salat zugeben, hängt davon ab, wonach Sie gerade Lust haben. Denken Sie aber an die richtige Zusammenstellung Ihrer Zutaten. Fleisch und Kartoffeln nicht zusammen in den Salat geben! Wenn Sie ihn mit Eiweiß kombinieren, müssen Sie die Kohlenhydrate weglassen. Auf diese Weise kann die Nahrung leichter Ihren Verdauungsapparat passieren, da der Hauptanteil der Mahlzeit immer aus Rohkost besteht.

Auf den folgenden Seiten finden Sie einige Salatrezepte. Es gibt unendlich viele Möglichkeiten. Wenn Sie damit anfangen, Ihre Hauptmahlzeit als Salatmahlzeit anzurichten, werden Sie Zusammenstellungen finden, die ganz besonders sättigend sind. Zögern Sie nicht, die gleiche Zusammenstellung an mehreren Tagen hintereinander zu essen, wenn es Ihnen schmeckt. Die Vorstellung, daß Ihre Ernährung abwechslungsreich sein muß, gehört der Vergangenheit an. Sie ist mit einer vollkommenen Gesundheit nicht vereinbar. In der Natur lebende Tiere, aber auch in Gefangenschaft lebende Tiere gedeihen mit wenigen, sich gleichbleibenden Lebensmitteln ein Leben lang. Nur die Menschen glauben, daß Sie eine große Vielfalt benötigen – und sie haben auch die meisten Krankheiten. Essen Sie die gleiche Mahlzeit immer wieder, wenn sie Ihnen schmeckt, ganz besonders wenn es sich um eine Salatmahlzeit handelt. Sie werden sich ganz natürlich etwas anderem zuwenden, wenn Ihr Körper danach verlangt.

Gesundheitssalat ***** 1 Portion

2 Tassen in Stückchen gezupfter Kopfsalat
1 Tasse in Stückchen gezupfter Spinat
1 mittelgroße Tomate, in Stücke geschnitten
1/2 Tasse Linsensprossen
1 große Handvoll Mungobohnensprossen
1 große Handvoll Alfalfa- oder rote Kleesprossen
2 Eßlöffel fein geriebene Karotten
1/2 Avocado, in Stücke geschnitten
1/2 Avocado, zerdrückt
1/4 Tasse frischer Karottensaft

Vermischen Sie alle Zutaten in der angegebenen Reihenfolge.

Diese gesunde Mahlzeit gibt Ihnen ein so reines Gefühl und soviel Energie, daß Sie sicher den Wunsch haben werden, diesen Salat öfter zu essen, vor allem wenn gute Avocados auf dem Markt sind. Besonders sättigend für all jene, die auf Gewürze verzichten wollen.

Energie–Salat *****

2 Portionen

3 Tassen Kopfsalat Eissalat, roter Blattsalat oder alles gemischt waschen, trocknen und in mundgerechte Stücke teilen
1 Tasse Spinat grob schneiden (nach Wahl)
1 kleine Gurke in Scheiben schneiden
1 mittelgroße Tomate in Würfel oder Scheiben schneiden
1-2 Tassen Keimlinge (Alfalfa, roter Klee, Mungo-Bohnen, Linsen, Sonnenblumen oder Buchweizen oder alles gemischt) dazu rohes Gemüse jeder Art wie z.B. Karotten, Sellerie, Pilze, Rot– oder Weißkraut, Radieschen, Rote Bete, Zucchini, Blumenkohl, Brokkoli oder Artischocken (nach Wahl) geben.
1/4 Tasse Oliven oder einige Scheiben Avocado
1/2 Tasse Bohnen oder 1/4 Tasse Sonnenblumenkerne oder Sesamsamen (nach Wahl)

Alle Zutaten werden in einer großen Schüssel vermischt. Dazu kommen 1/4–1/3 Tasse leichte Salatsoße (siehe Seite 125) oder eine Soße nach Ihrer Wahl. Gut vermischen.

Salat mit Oliven *****

2 – 3 Portionen

1 Salat nach dem Grundrezept (siehe Seite 113)
Soße nach dem Grundrezept (siehe Seite 115)
1/2 bis 1 Tasse in Scheiben geschnittene Oliven

Salat nach dem Grundrezept zubereiten. Auf Wunsch Zitronen/Ölsoße und geschnittene Oliven dazugeben. Kombinieren Sie diesen Salat nicht mit Nahrungsmitteln, die tierisches Eiweiß enthalten, denn das verlangsamt den Verdauungsprozeß.

Pfeffer

Leichte Salatsoße ***

für 1–2 Salatportionen

1 Knoblauchzehe, halbiert
3 Eßlöffel Oliven-, Distel- oder kalt gepreßtes Sonnenblumenöl
1 Eßlöffel frischer Zitronensaft
1/4 Teelöffel Kräutergewürz, das weder Mono-Natrium-Glutamat (»Geschmacksverstärker«) noch andere chemische Stoffe enthält
frisch gemahlener schwarzer Pfeffer (nach Wahl)

Dies ist eine leicht abgewandelte Version vom Grundrezept. Ich mache diese Soße extra für Harvey, da er liebendgern Knoblauch ißt.

Alle Zutaten kommen in einen Meßbecher, 15 Minuten stehen lassen, so daß das Öl den Knoblauchgeschmack annehmen kann. Dann den Knoblauch mit der Gabel anstechen und mit dieser Gabel den Inhalt des Bechers schlagen. Knoblauch entfernen. Die Soße über den Salat gießen und gut mischen.

Terry´s Supersalat *****

4 große Portionen

1-1 1/2 kg Tomaten
450 g Blumenkohl
4 mittlere oder große Avocados
4 Stangen Sellerie
4 große rote oder grüne Paprika (vorzugsweise rot)
Nüsse oder Samen
900 g Mangold oder anderes frisches Gemüse

Dieser gesunde Salat ist eine Hauptmahlzeit

1. Tomaten waschen und zerschneiden, Blumenkohl mit Stiel und Blättern hacken oder zerschneiden. Avocados vierteln, schälen und schneiden.

2. Sellerie und Paprika waschen und klein schneiden, Mangold waschen und zerschneiden.

3. Die Zutaten in eine Schüssel geben und alles vermischen. Dem Salat kann der Saft frisch gepreßter Pampelmusen zugefügt werden. Gehackte, weiße Rübchen, Kohlrabi oder Brokkoli ersetzen den Blumenkohl oder ergänzen ihn. Anstatt Mangold kann man andere grüne Kohl- oder Salatarten verwenden.

Silke´s Salatkomposition *****

2 Portionen

1 rote Paprika
1/2 Kopf Wirsingkohl
2 große Fleischtomaten
1 Tasse Erbsen
3 mittelgroße Karotten
1 Kopf Radicciosalat
2 Bund Frühlingszwiebeln
evtl. 4 Stangen Spargel (geschält)
1 reife Avocado
1 Tasse gehackte glatte Petersilie
1 Sträußchen glatte Petersilie

Sämtliche Zutaten gut waschen und abtropfen lassen.

Zuerst den Radicciosalat auf Teller verteilen, auf diesen die restlichen in Streifen geschnittenen oder gehobelten Gemüse je nach Belieben anrichten. Darauf die Avocadostückchen verteilen und mit gehackter Petersilie bestreuen.
Mit einem Sträußchen glatter Petersilie garnieren.

Sommerliches Salatvergnügen mit frischen Gartenkräutern *****

3-4 Portionen

2 Bund Spargel (geschält)
1 rote Paprikaschote
1 Bund Radieschen
1 reife Avocado
je 1 Bund gezupften Kerbel, Kresse, Basilikum und Petersilie
1 Kopf Lollo Rosso Salat
1 Salatgurke (ungeschält)
3-4 Blumenkohlröschen

In die Mitte des Tellers den Lollo Rosso Salat setzen, um diesen den Spargel, Blumenkohl, Salatgurken, Radieschen und Avocado anrichten. Die gezupften Kräuter auf den Salat verteilen, zum Schluß den gehackten Schnittlauch darüberstreuen.

Dazu Kräutersoße - leichte Salatsoße (auf Wunsch)

Salat-Tacos mit Avocado-Soße ***** 1 Portion

Frisches Gemüse nach Ihrer Wahl (Tomaten, Paprikaschoten, Karotten, Gurken, Sellerie, Zucchini)
Mehrere Salatblätter (Eisberg- oder Kopfsalat) gewaschen und getrocknet
Avocadoscheiben
Alfalfasprossen

Gemüse waschen und schälen. Entweder mit der Hand oder in der Küchenmaschine fein hacken. Geben Sie in jedes Salatblatt eine Avocadoscheibe, darauf gehacktes Gemüse und Alfalfasprossen und übergießen Sie das Ganze mit Avocadodressing mit französischen Kräutern.

Gurken-Schiffchen mit Kohlrabi ***** 2 Portionen

3 kleine Gurken halbieren und aushöhlen, zerkleinern
1 zarter Kohlrabi, fein raspeln
1/2 Tasse Mandeln, fein hacken
1 EL Zitronensaft
1 EL Borretsch
1 EL Dill
1 EL Petersilie
1/2 EL Zitronenthymian

Die frischen Kräuter fein hacken. Alles mischen und in die Schiffchen füllen, auf Kopfsalat und Eichblattsalatblätter anrichten und mit Borretschblüten garnieren.

Topinambur-Möhren-Salat ***** 2 Portionen

Topinambur - oder Erdbirnen genannt - erhalten Sie selten im Gemüseladen. Meistens finden Sie Topinambur beim Bio-Bauern oder bei Gartenfreunden, wo sie wild in irgendeiner Gartenecke wachsen. Topinambur-Pflanzen werden 1 1/2 m hoch, können aber bis zu 3 m hoch wachsen. Im Spätherbst haben sie kleine gelbe Blüten ähnlich Sonnenblumenblüten. Gegessen werden die weißen oder rötlichen Knollen, die vom Herbst bis zum Frühjahr geerntet werden können. Sie sind außerordentlich vitamin- und mineralstoffreich.

4 Handvoll Topinambur-Knollen
2 Möhren
2 Äpfel
1 Zitrone
2 Eßlöffel Pistazienkerne oder Nüsse
1 Eßlöffel Kümmel oder Anis nach Geschmack

Topinambur waschen, eventuelle Haarwurzel entfernen (nicht schälen) und in Scheiben schneiden. Möhren und Äpfel auch in Scheiben schneiden oder raspeln. Alle Zutaten mischen oder auf dem Teller zurechtlegen. Zur Dekoration Zitronenmelissenblätter, Kapuzinerkresseblätter oder -blüten, Senfblätter oder dergleichen nehmen. Pistazienkerne oder Nüsse hacken und darüber streuen. Wer mag, kann zusätzlich Kümmel oder Anis hinzugeben.

Salatgurken mit Limonensaft und Minze *****

6 Portionen

Für diesen erfrischenden »einfachen« Salat können Sie Salatgurken oder andere Gurken verwenden. Damit der Salat nicht zu wäßrig wird, sollten Sie die Kerne entfernen. Minze fördert die Verdauung.

2 Salatgurken, der Länge nach halbiert und entkernt (6–7 Tassen)
knapp 1/4 Tasse frischen Limonensaft
1/4 Tasse gehackte frische Minze, oder 2 Eßlöffel getrocknete Minze
Kräutergewürz nach Geschmack

1. Mit einem feinen Hobel oder mit der Hand dünne Scheiben schneiden

2. Geben Sie die Gurkenscheiben in eine mittelgroße Schüssel und mischen Sie die restlichen Zutaten unter. Bis zum Verzehr kühlen. Je länger Sie diesen Salat kühlen (bis zu einer Stunde), um so besser schmeckt er, da sich dabei die Aromen mischen.

Zucchini mit Basilikum-Vinaigrette *** 3 Portionen

6 kleine Zucchini, fein geschnitten
1 Eßlöffel rote Zwiebeln,
1 Teelöffel Dijonsenf
1 grüne Pfefferschote oder Paprika in feine Streifen geschnitten (nach Wunsch)
1 rote Pfefferschote oder Paprika in feine Streifen geschnitten (nach Wunsch)

Soße:
1/4 Tasse frischer Basilikum, gehackt oder ein Eßlöffel getrockneter Basilikum
1 Eßlöffel frischer Zitronensaft
3 Eßlöffel Olivenöl
Frisch gemahlener schwarzer Pfeffer (Nach Wunsch)
1/4Teelöffel Kräutergewürz

Zucchini in 1 cm dicke, schräge Scheiben schneiden und in Dampftopf geben, zugedeckt 3 Minuten oder bis sie weich sind, über kochendem Wasser dämpfen. Auf eine Platte geben. Zwiebeln und Paprika dazugeben, wenn gewünscht. Die Zutaten der Vinaigrette in kleine Schüssel geben. Schlagen und mit dem Gemüse vermischen oder die Soße getrennt servieren. Zucchini nicht zerdrücken.

Spinatsalat mit Keimlingen **** 2 Portionen

2 Tassen Spinat, geschnitten
2 Tassen Alfalfa-Keimlinge
1 Tasse Gurke, gewürfelt
2 Eßlöffel Olivenöl
2 Tassen Kopfsalat, geschnitten
1 Tasse Kresse (nach Wunsch)
2 Teelöffel frischer Zitronensaft
1 mittelgroße Tomate, in Scheiben geschnitten
1 Tasse gemischte Keimlinge (Linsen, Mungobohnen oder Radieschen, Erbsen, roter Klee oder Weizenkörner)
2 Teelöffel Soyasoße
1/2 Teelöffel Dijonsenf

Alles nach Wunsch und Geschmack auf einem großen Teller legen oder Spinat, Salat, Tomaten, Gurke, Kresse und Keimlinge in große Schüssel geben. Öl zufügen und mischen. Zitronensaft und Sojasoße oder Senf dazugeben und noch einmal mischen.

Spinatsalat mit Radieschen ***** 2 Portionen

etwa 100 g jungen Spinat
2 Bund Radieschen
1 rote Paprika
1 Kopf Salat (nach Wunsch)
1 Stange Staudensellerie
1 Tasse Dill, frisch (gehackt)
1 Tasse Kerbel, frisch (gehackt)
1 Tasse glatte Petersilie (gehackt)
3 Blumenkohlröschen

Alle Zutaten gut waschen und abtropfen lassen. Radieschen in Scheiben oder Stifte schneiden.

Spinat ganz lassen oder in grobe Stücke schneiden (je nach Größe). Paprika aufschneiden und vom Kerngehäuse befreien und in Streifen schneiden. Staudensellerie ebenfalls in Streifen schneiden. Den Kopfsalat als Unterlage auf den Teller legen. Die Sellerie-, Paprika- und Blumenkohlstreifen darauf arrangieren, in die Mitte des Tellers den Spinatsalat. Um den Salat die Radieschenscheiben legen und alles mit viel gehackten Kräutern garnieren..

Dazu Kräuterdressing (auf Wunsch).

Spargelsalat *****

2 Portionen

4 Blätter römischen Salat
900 g frischen (oder gefrorenen) Spargel
2 große Sellerieknollen oder 2 kleine Mangoldstauden
100 g rohe Kürbissamen (kleine)
1 Pampelmuse (nach Belieben) oder gehackte Mandeln

1. Der Spargel kann entweder roh oder gekocht verwendet werden (oder man kombiniert beide). Den Spargel in Stücke schneiden.

2. Wenn gekochter Spargel vorgesehen ist, schälen und 2-3 Min. lang kochen (nicht zu lange kochen lassen).

3. Den römischen Salat waschen, trocknen und zerkleinern, ebenso die Tomaten.

4. Sellerie und/oder Mangold waschen und schneiden.

5. Wenn die Tomaten wenig Geschmack haben, Pampelmusenschnitten hinzufügen. Anstelle von Pampelmusenschnitten können Sie auch Pampelmusensaft (frisch gepreßt) nehmen.

6. Alles schön dekorativ auf einen Teller anrichten oder die Zutaten mit Kürbissamen oder abgezogenen Mandeln mischen.

Avocado-Sprossen-Salat ***** 2 Portionen

1 Tasse Linsensprossen (oder -keimlinge)
2 Tassen Mungobohnensprossen
2 Tassen Alfalfasprossen
2 Tomaten
1 Gurke
1 Schalotte (nach Wunsch)
1 große oder 2 kleine Avocados
1 Knoblauchzehe (nach Wunsch)
2 Eßlöffel frisch gepreßter Zitronensaft
Kräutergewürz nach Geschmack

Vermischen Sie die Sprossen in einer großen Holzschüssel. Hacken Sie die Tomaten, schneiden Sie die Gurke in Würfel und geben Sie sie zu den Sprossen. Hacken Sie die Zwiebel und streuen Sie sie über das Gemüse. Lösen Sie die Avocado aus der Schale und zerdrücken Sie sie zusammen mit einer Knoblauchzehe in einer kleinen Holzschüssel. Zitronensaft und Kräutergewürz untermischen, dann alles zusammen über das Gemüse geben und gut durchmischen, so daß alle Zutaten gut miteinander verbunden sind. Ergibt einen sehr energiereichen Salat (durch die lebendigen Sprossen), der zusammen mit knackigen Karottenstäbchen und Maischips eine köstliche Mahlzeit bildet.

Erbsen- und Karottensalat **** 4 Portionen

6 große Karotten
4 Tassen frische Erbsen
1 Kopfsalat oder Butter-, römischer oder Eisbergsalat
1 kleine Zucchini
1 Tasse Mayonnaise (am besten hausgemachte Mayonnaise) (nach Wunsch)
1/4 Teelöffel Kräutergewürz oder salzfreies Gewürz (nach Wunsch)
1/4 Teelöffel Thymian (nach Wunsch)

Die Karotten würfeln und mit den anderen Zutaten in eine große Schüssel geben. Frische Kräuter über den Salat geben, Kräutergewürz und Thymian zufügen. Gut durchmischen (oder getrennt auf einem Salatteller anrichten) und vor dem Servieren leicht kühlen. Läßt sich gut mit dem Salat nach dem Grundrezept kombinieren.

Brokkoli-Nuß-Salat ***** 2 Portionen

2 Brokkoli mit Röschen
6-8 Kirschtomaten
Zitronensaft
1 Sellerieknolle
1 Handvoll Walnüsse

Brokkoli und Sellerie waschen und klein schneiden. Kirschtomaten waschen und halbieren. Nüsse und Zitronensaft hinzufügen. Auf einem Teller schön auslegen (oder alles mischen) und Luzerne- oder andere Keimlinge auf jede Portion streuen (wenn gewünscht).

Dieser Salat ist eine vollständige Mahlzeit. Er kann so gegessen werden oder zusammen mit grünem Salat.

Carpaccio von Avocados und Champignons *****

3–4 Portionen

2 Bund Dill
3 Teelöffel kleine Kapern
Öl (Walnuß)
4 Avocados in
dünnen Scheiben
1 Bund Schnittlauch
Zitrone
250 g Champignons in
dünnen Scheiben
500 g Tomaten in Würfelchen

Avocados dünn in Scheiben schneiden und auf dem Teller legen. Mit Dill, Kapern und dünnen Champignonscheiben belegen und mit Tomatenstückchen garnieren. Auch mit etwas Öl und Zitronen beträufeln.

Griechischer Sommersalat ****

1–2 Portionen

1/2 Tasse geschnittene Gurke
1 Tasse roter Blattsalat
1/4 Tasse Karotten,
1 Tasse Eisbergsalat in feine lange Streifen geschnitten
1 Tasse Spinat
1/3 Tasse grüne oder schwarze Oliven
1 Tasse Kopfsalat
1 große Handvoll Buchweizensprossen oder Alfalfa
1/2 Tasse Zucchini, in feine lange Streifen geschnitten
1 Eßlöffel feingehackter Sellerie
1/2 Tasse Kräuterdressing
1 mittelgroße Tomate, (auf Wunsch) geschnitten
3/4 Tasse zerbröckelter frischer Feta
– griechischer Schafskäse – (auf Wunsch)

Mischen Sie alle Gemüse in einer mittelgroßen Salatschüssel zusammen. Wenn Sie wollen, geben Sie dann die Soße und den Käse hinzu und mischen Sie alles vorsichtig,aber gut.

Griechischer Salat **** 2 Portionen

je 1 grüne, rote und gelbe Paprika
2 Tassen Feldsalat, Kopfsalat oder anderen Salat
8-10 Kirschtomaten (oder andere Tomaten)
griechischer Schafskäse (mild gesalzen - auf Wunsch)

Zutaten schneiden und auf einem großen Teller hübsch anrichten oder alles zusammen mischen.
Schafskäse kann sein, muß aber nicht sein. Wenn Sie wünschen, nehmen Sie etwas Zitronensaft und kaltgeschlagenes Öl.

Diesen Salat können Sie auch mit anderen Zutaten kombinieren wie z.B. mit Oliven, Zwiebeln, Kapern und Kräutern wie Oregano, Schnittlauch, Pfeffer usw.

Bunter, knackiger Gemüseteller ***** 2 Portionen

1 große rote Paprikaschote
1 Fenchelknolle
1 Bund Petersilie
4 Stangen Sellerie
1 Avocado
1/2 bis 1 Zitrone

Grob hacken und alles vermischen.

Römische Salatrollen *****

2 Portionen

1 große Avocado
1 kleine Gurke, gehackt
1 große Tomate, grob gehackt
1 Teelöffel brauner Senf (nach Wunsch)
1 Eßlöffel rote Zwiebel, gehackt (nach Wunsch)
1 Eßlöffel frischer Zitronensaft
1 Kopf römischer Salat, gewaschen und getrocknet
1-2 Tassen Mungobohnen - oder Alfalfasprossen oder beides

Die knackigen, schlankmachenden Blätter des römischen Salates werden als Hülle verwendet. Sie werden mit einer Mischung aus Avocado und anderem Gemüse gefüllt.

Fruchtfleisch aus der Schale nehmen und in eine mittelgroße Schüssel geben und mit einer Gabel zerdrücken. Tomate und Gurke zugeben. Wenn gewünscht, Zwiebel und Senf zufügen, mit Zitronensaft beträufeln. Sprossen unterheben. Avocadomischung in die Mitte geben. Zum Essen einen großen Löffel voll Avocado in die Mitte eines Salatblattes geben und zusammenrollen.

Rote Bete-Salat ***** 2 Portionen

1 Rote Bete
1 Apfel
1 Bund Karotten
Zitrone
Rosinen
Sonnenblumenkerne
Leinsamen

Der Salat sollte am besten zu mindestens einem Drittel, besser noch zur Hälfte, aus Rote Bete bestehen.

Rote Bete, Äpfel und Karotten fein schneiden oder grob raspeln, dekorativ in Ring- oder Kreisform ausrichten und Rosinen, Sonnenblumenkerne und Leinsamen darüber streuen. Wer mag, kann etwas Zitronensaft dazu geben.

Das Ganze kann auch vermischt werden, manche mögen es so noch lieber, besonders Kinder. Sie können auch gehackte Haselnüsse, Walnüsse oder Mandeln dazunehmen.

Kohlrabikörbchen mit Tomaten-Basilikum-Soße ***** 3–4 Portionen

1 Kohlrabi
1/2 Tasse Brokkoli
1 Zucchini, grün oder gelb
1/2 Tasse Blumenkohl
1 Möhre
1/2 Tasse Erbsen

Soße:

2 Tomaten
2 Eßlöffel Gemüsebrühe
1 Eßlöffel Basilikum

Tomaten pürieren oder mit einer Gabel zerdrücken und durchsieben, mit Basilikum oder anderen Kräutern würzen.

Mexikanischer Salat ****

3–4 Portionen

2 Avocados
1/2 kl. Schalotte
große Tomaten
Rotkohl oder Weißkohl
1 Pampelmuse
1 Limone oder Zitrone
kleine Tomaten
Brokkoli

ein Spritzer Kräuterwürze oder Sellerie
salzfreie Gemüsewürze
frische Petersilie (falls vorhanden)
Seetangpulver oder
Seetanggranulat

1. Avocados schälen, vierteln und auf einem Teller mit einer Gabel zerdrücken. (Avocadoviertel, die sich nicht zerdrücken lassen, beiseite stellen).
2. Pampelmuse und Limone ausdrücken, den Saft in einen Mixer geben.
3. Eine halbe Schalotte oder eine vergleichbare Menge Zwiebeln, etwas Seetang und Gewürz hinzufügen.
4. Avocado-Viertel dazugeben.
5. Mixer-Inhalt bei hoher Geschwindigkeit verflüssigen und mit den zerdrückten Avocados in einer großen Schüssel mischen.
6. Kohl, Brokkoli, Sellerie, Petersilie, große und kleine Tomaten zerschneiden.
7. Das zerkleinerte Gemüse in das Avocado-Mus geben und gut umrühren.
8. Mit ganzen Selleriestangen und Salatblättern servieren, als Sellerie-Tunke und als Füllung für die Salatblätter benutzen. Luzernesprossen können darübergestreut werden.

Großmutters Kohlsalat**** 2 Portionen

1 kleiner Kohlkopf, geraffelt oder fein geschnitten
1/4 Tasse kochendes Wasser
Kräutergewürz (auf Wunsch)
1 große Karotte, geschält und fein gerieben
1 kleine grüne Pfefferschote, dünn geschnitten
Saft einer kleinen Zitrone
1/4 Tasse frischer Dill oder 2 Eßlöffel getrockneter Dill
1-2 Tassen Mayonnaise (auf Wunsch)

Kochendes Wasser über den Kohl schütten und gut kneten, um den Kohl weich zu machen, Karotten und grünen Pfeffer zugeben (auf Wunsch etwas Kräutergewürz). Dann Zitronensaft, Dill und MAyonnaise zufügen. Gut mischen. Kühlen. Dieses Gericht kann tagelang im Kühlschrank bleiben. Reste können in einem Sandwich verwendet werden.

Chinakohl-Salat *****

2 Portionen

8 Blätter Chinakohl
2 rote Paprika
2 Avocados
Kirschtomaten (oder 3 reguläre Tomaten)
1 Pampelmuse

Chinakohl waschen und trocknen. 4 Blätter abschneiden und in eine große Schüssel legen. Rote Paprika waschen und zerschneiden. Avocado vierteln, schälen und klein schneiden (oder halbieren und mit einem Löffel das Fleisch ausschälen). Paprika und Avocados sowie die gewaschenen und halbierten (oder kleingeschnittenen Tomaten) in eine Salatschüssel geben. Pampelmuse ausdrücken und den Saft darübergießen. Gut umrühren und je einen Löffel Salat auf jedes Chinakohlblatt auf den Eßteller geben.

Den übrigen Salat in Schüsseln servieren. Ergibt eine volle Mahlzeit.

Pikanter Grünkohlsalat ****

3 Portionen

Grünkohl (nach Größe)
2 Eßlöffel frischer Dill, gehackt
2 Eßlöffel frische Petersilie, gehackt
1/2 Tasse Sauerrahm
Saft einer kleinen Zitrone
1/2 Teelöffel Seetang (nach Wunsch)
1/2 Teelöffel Meersalz, Gewürzsalz oder salzfreies Gewürz
Frisch gemahlener schwarzer Pfeffer

Den Kohl schneiden oder fein hacken. Dill und Petersilie in großer Schüssel vermischen. Sauerrahm und Zitronensaft mischen und über den Kohl schütten. Seetang, Meersalz und Pfeffer nach Geschmack zugeben. Gut mischen. (Übriggebliebenen Kohl für den 9. Tag aufheben.)

Waldorfsalat *****

2 Portionen

1 1/2 Tassen gewürfelte Äpfel
1/2 Tasse Zitronensaft
1 1/4 Tasse gewürfelte Sellerie
Salatblätter
Walnüsse

Mischen Sie Äpfel, Sellerie und Zitronensaft gut. Nehmen Sie mürbe, herbe Äpfel. Schütten Sie den Zitronensaft ab. Servieren Sie auf krausem Salat. Garnieren Sie mit Walnüssen.

Goldener Maissalat ****

4–6 Portionen

8 Maiskolben
ca. 500 g Kirschtomaten
1 Stange Sellerie
1 Gurke
1/2 Tasse grüne oder schwarze Oliven in
Scheiben (nach Wunsch)
1/2 bis 1 Tasse Mayonnaise (auf Wunsch)
Kräutergewürz nach Geschmack

Die Maiskolben werden in einem Gemüsedämpfer 5–10 Minuten über kochendem Wasser gedämpft. Dann etwas abkühlen lassen und die Körner vom Kolben trennen. Die Kirschtomaten halbieren und auf die Seite stellen. Den Sellerie hacken. Die Gurke schälen und in dünne Scheiben schneiden. Sellerie und Gurke und Oliven zum Mais geben. Gut durchmischen. Die Tomaten behutsam unterheben und den Salat vor dem Verzehr kühlen. Dieser Salat ist eine willkommene Zugabe für ein Bufett und paßt gut zum Salat nach dem Grundrezept.

Fit-für´s-Leben-Maissalat **** 6 Portionen

Dies ist eines der beliebtesten Rezepte aus dem Buch »Fit für´s Leben«. Unverzichtbar für das Picknik. Geeignet für Sommerfeste, zusammen mit einer Gemüseplatte, Karottenstäbchen, Kartoffelsalat und einem klassischen grünen Salat.

1 Eßlöffel Olivenöl
1 1/2 Tassen gewürfelte rote Zwiebeln
1 1/2 Tassen gewürfelter roter Paprika
1 1/2 Tassen gewürfelter grüner Paprika
1 1/2 Teelöffel Curry
1/2 Teelöffel getrockneter Majoran
1/2 Teelöffel Kräutergewürz
4–6 Tassen gekochter Mais (falls Sie frischen Mais verwenden, kochen Sie ihn 3–5 Minuten, oder bis er gerade weich ist, kühlen ihn ab und schneiden ihn vom Kolben)
1/2 Tasse in Scheiben geschnittene, mit Paprika gefüllte Oliven
1/3 bis 1/2 Tasse Almonaise oder eine Mayonnaise, die frei von Milchprodukten ist
Meersalz (nach Wunsch)
frisch gemahlener Pfeffer (nach Wunsch)

1. Erhitzen Sie das Öl in einer großen Pfanne (oder Wok). Fügen Sie die Zwiebel hinzu und schmoren Sie sie unter häufigem Rühren. Dann geben Sie die roten und grünen

Paprika dazu und schmoren Sie unter häufigem Rühren ca. 2 Minuten. Zuletzt Curry, Majoran und Kräutergewürz zugeben und kurz weiter schmoren.

2. Vermischen Sie Mais und geschmortes Gemüse in einer großen Schüssel. Heben Sie die Oliven unter. Dann die Almonaise oder die Mayonnaise, Meersalz und Pfeffer nach Geschmack dazugeben. Gut mischen. Bis zum Verzehr kühl stellen.

Farmer's Chop Suey ****
2 Portionen

1 kleiner Eissalat oder Radiccio oder römischer Salat, gewaschen, getrocknet und grob geschnitten
2 Tassen Spinat, grob geschnitten
6 Radieschen, in Scheiben geschnitten
1 mittelgroße Gurke, in Scheiben geschnitten
1 große Tomate, gewürfelt oder in Scheiben geschnitten
1 grüne Paprika, in Scheiben geschnitten
1 kleine süße rote Paprika, in Scheiben geschnitten (nach Wunsch)
1-4 Eßlöffel Schalotten, in Scheiben, nach Geschmack
1 Tasse cremig gerührten Hüttenkäse oder Quark (auf Wunsch)
1 Teelöffel getrockneter Dill oder ein Eßlöffel frischer Dill
1/8 Teelöffel getrockneter Estragon
Kräutergewürz

Alles in eine große Schüssel geben oder einzeln darüber anrichten. Wenn Sie meinen, noch nicht ohne Milchprodukte auszukommen, können Sie in einer kleinen Schüssel den Sauerrahm und den Hüttenkäse vermischen. Dill, Estragon und Kräutergewürz nach Geschmack zufügen, über den Salat geben und gut durchmischen. Ein perfekter Salat als Hauptgericht.

Guacamole **** 8 Portionen

1 Knoblauchzehe
2 große reife Avocados
1 große reife Tomaten
1 Teelöffel Majoran
1 Prise Cayennepfeffer (nach Wunsch, Cayennepfeffer reizt die empfindlichen Schleimhäute der Verdauungsorgane)
Kräutergewürz nach Geschmack

Reiben Sie eine mittelgroße Holzschüssel mit Knoblauch aus. Teilen Sie die Avocados in zwei Hälften, entfernen Sie die Kerne und bewahren Sie sie auf. Schaben Sie das Fruchtfleisch in die hölzerne Schüssel und zerdrücken Sie es gut. Hacken Sie die Tomaten und rühren Sie sie in die Avocadomasse. Geben Sie Majoran, Cayennepfeffer und Kräutergewürz dazu. Nun geben Sie die Avocadokerne in eine tiefe Schüssel und schichten Sie die Guacamole darüber. Die Kerne verhindern die Verfärbung. Servieren Sie die Guacamole als Dip für knackigen Sellerie, Mais- oder Gemüsechips.

Schwerarbeitersalat **** 3-4 Portionen

Dieser Salat aus fein gehackten Zutaten eignet sich als Abendmahlzeit nach einem Obsttag. Er füllt den Magen und sättigt. Wenn Sie auf diese Weise essen, wird Ihnen eine enorme Energiemenge für Ihre Arbeit zur Verfügung stehen. Machen Sie sich ein großes Glas Saft aus Karotten, Sellerie, Spinat und Kopfsalat und trinken Sie es, während Sie den Salat zubereiten. Es handelt sich dabei ganz einfach um den täglichen Salat nach dem Grundrezept, die Zutaten fein gehackt, ergänzt durch fein geriebene Karotten und gehackte Oliven.

1 Salat nach dem Grundrezept (siehe Seite 113)
2 große Karotten
1 Tasse grüne Oliven mit Paprika gefüllt
1 /2 Tasse schwarze Oliven
Kräutergewürz (nach Wunsch)
2 Eßlöffel frisch gepreßter Zitronensaft
1/2 Tasse nicht kalt geschlagenes Distel- oder Olivenöl (auf Wunsch)

Salat nach dem Grundrezept aus den fein gehackten Zutaten zubereiten. Reiben Sie die Karotten ganz fein. Ich benütze eine Bircherraffel aus der Schweiz, die beidseitig reibt und die Karotten fein zerkleinert. Die grünen Oliven werden geviertelt, die schwarzen Oliven entkernt und in kleine Stücke geschnitten. Zum Salat geben. Frische Kräuter zugeben oder, wenn gewünscht, Kräutergewürz zufügen. Öl und Zitronensaft miteinander verschlagen und über den Salat gießen. Gut mischen, zudecken und in den Kühlschrank stellen (15 Min.), damit er durchziehen kann.

Herbstsalat ****

2–3 Portionen

1 zarte Zucchini, ca. 1 kg
4 Möhren
2 Zuckermaiskolben
3 Stengel Zitronenthymian
4 Stengel Zitronenmelisse
2 Stengel Pimpinelle
2 Stangen Bleichsellerie
4 Blätter Basilikum
3 Eßlöffel Sonnenblumenöl
2 Eßlöffel Zitronensaft
2 Teelöffel abger. Zitronenschale

Zucchini aushöhlen und in Würfel schneiden, Möhren fein raspeln, Kerne des Maiskolbens vom Strunk lösen, alles miteinander mischen. Die Kräuter fein hacken. Soße herstellen und mit den Kräutern mischen. In die Zucchini füllen und auf Salatblättern anrichten, mit Zitronenmelisse und Borretschblüten garnieren.

Fenchelsalat mit Pilzen **** 3–4 Portionen

Der dem Fenchel eigene erfrischende, dem Sellerie ähnelnde Geschmack wird noch verfeinert durch ein zartes Anis- oder Süßholzaroma. In Indien kaut man Fenchelsamen, um die Verdauung zu unterstützen. Fenchel ist stark basisch wie Sellerie und daher eine sehr gute Ergänzung unserer meist säurebildenden Ernährung.

1/2 Pfund Pilze, vorsichtig gewaschen und entstielt
1 große Fenchelknolle, grobe äußere Teile entfernen
1/4 Tasse gehackter frischer Dill

Soße:
3 Eßlöffel Olivenöl
1 Eßlöffel Zitronensaft
1 sehr kleine Knoblauchzehe, gepreßt
Frisch gemahlener Pfeffer (nach Wunsch)

1. Schneiden Sie die Pilze in ca. 3 mm dünne Scheiben. Der Fenchel wird quer zur Knolle ebenso dünn geschnitten. Mischen Sie Pilze und Fenchel in einer Schüssel und fügen Sie den Dill zu.
2. Schlagen Sie die Zutaten der Soße in einer kleinen Schüssel, bis sie dick und gelb geworden sind, und gießen Sie sie dann über den Salat. Gut mischen und mit Pfeffer abschmecken.

Abwandlung: Fügen Sie der Soße 1/4 bis 1/2 Teelöffel Dijonsenf zu.

Kapitel 8

Übergangskost I

Salate und gekochte Gerichte

Frisches Obst, frische Salate und frisches Gemüse sind mit Sicherheit die beste Ernährung, um Gesundheit, richtiges Gewicht und Vitalität zu erhalten. Durch die von uns im Laufe der Zeit angenommenen Ernährungsgewohnheiten braucht es jedoch etwas Zeit, bis wir uns an die neue Ernährungsform gewöhnt haben.

In den meisten Fällen gelingt dieser Übergang am besten, wenn er langsam vonstatten geht. Auf diese Weise vermeiden Sie Spannungsgefühle und Entzugserscheinungen. Sie können dabei systematisch vorgehen und ein oder zwei Nahrungsmittel zu einem Zeitpunkt absetzen, wenn Sie das Gefühl haben, daß Ihr Körper sie nicht mehr braucht.

Gehen Sie dabei nach eigenem Ermessen in dem von Ihnen gewünschten Tempo vor. So können Sie z.B. zuerst Zukker, Kaffee, dann Fleisch oder Alkohol weglassen, oder aber einige dieser Nahrungs- und Genußmittel zur gleichen Zeit, oder sogar alle auf einmal. Wenn Sie dabei Spannungsgefühle haben, Unzufriedenheit nach dem Essen verspüren, oder wenn Ihnen Ihre alten Gelüste zu schaffen machen, dann gehen Sie wahrscheinlich zu schnell vor.

Ich habe Leute kennengelernt, die die übliche Zivilisationskost aus minderwertigen Nahrungsmitteln (junk food), Fleisch, Milchprodukte, Alkohol und Kaffee auf einen Schlag aufgegeben haben. Sie verspürten ein bisher nicht gekanntes Gefühl der Heiterkeit und Leichtigkeit und waren nicht mehr zu bewegen, zu ihren alten Eßgewohnheiten zurückzukehren. Andere mußten langsamer vorgehen. Sie gaben zuerst Zigaretten, dann Zucker, Fleisch und nach und nach alle anderen schädlichen Eßgewohnheiten auf. Wichtig ist die Richtung. Wenn Sie immer in die Richtung der besten Ernährungsform gehen, soviel Obst- und Salatmahlzeiten essen, wie Sie nur können, und gleichzeitig für Entspannung sorgen, tun Sie das, was für Sie am besten ist.

Übergangskost hilft Ihnen, sich auf gesündere Eßgewohnheiten zuzubewegen. Sie sind zwar schwerer als Obst oder Salat, aber doch leichter als all das, was Sie wahrscheinlich bisher gegessen haben. Die Übergangsmahlzeiten sind so beschaffen, daß Sie sich nach dem Essen gesättigt fühlen, und sie sind überdies richtig zusammengestellt.

Nach Obst und frischen Salaten ist gekochtes Gemüse ein wichtiger Bestandteil Ihrer Ernährung (gedämpft, geschmort, gebacken oder gedünstet). Da die Kochhitze jedoch viele Nährstoffe im Gemüse zerstört, ist es wichtig, das Gemüse richtig zu kochen, das heißt, es nicht zu lange zu kochen!

Wir sind es gewohnt, Gemüse viel zu lange zu kochen, wobei es allerdings seine Qualität verliert. Aus Bequemlichkeit verwenden wir oft tiefgekühltes oder eingedostes Gemüse, obgleich frische Ware zur Verfügung steht. Betrügen Sie sich nicht selbst. Kaufen Sie frisches, in Ihrer Gegend gezogenes Gemüse, wo immer sich eine Gelegenheit bietet. Es besteht überwiegend aus Wasser, also ein wichtiges wasserhaltiges Lebensmittel und besonders in den Herbst- und Wintermonaten wichtig für unsere Ernährung.

Seien Sie beim Gemüseeinkauf unternehmungslustig. Probieren Sie alle verfügbaren Sorten wie Spargel, Brokkoli, Erbsen, Karotten, Rüben, Stangenbohnen, Wachsbohnen, Zucchini, Sommerkürbis, gelber Kürbis, Artischocken, Pilze, Blumenkohl, verschiedene Kartoffelsorten, verschiedene Kürbissorten, Rosenkohl, Mais, Erbsen, Mungobohnensprossen, Mango, Chinakohl, um nur einige zu nennen.

Ein sehr wichtiges Gerät beim Gemüsekochen ist ein Gemüsedämpfer. Das Gemüse befindet sich während des Kochens über dem Wasser und kann so nicht ausgelaugt werden. Außerdem werden bei dieser Zubereitungsform keine Nährstoffe ins Wasser gespült. Dämpfer sind eine gute Geldanlage und in fast allen Haushaltsgeschäften erhältlich. Sie können aber auch die chinesische Pfanne (Wok) oder ein Tachinentopf verwenden. Nähere Informationen über diese Geräte können Sie bei der Fa. Heinrich Joh. Müller in 2863 Ritterhude erfragen.

Tomaten, grüner Paprika, Auberginen und Gurken werden im allgemeinen den Gemüsen zugeordnet, sind aber tatsächlich Früchte. Als Früchte bezeichnen wir alles, was Samen hat. Der Einfachheit halber aber bezeichnen wir die obengenannten Früchte als Gemüsefrüchte. Sie finden in diesem Buch keine Rezepte für gekochte Tomaten, Auberginen oder grünen Paprika, da sie in gekochtem Zustand stark säurebildend sind. Die gekochte Tomate wird für Geschwüre im Verdauungstrakt verantwortlich gemacht. Wenn Sie Ihre Ernährung umstellen, wird Ihnen der Verzicht auf italienische Gerichte vielleicht schwerfallen. Sie bestehen häufig aus gekochten Tomaten, ganz zu schweigen von den Spaghettis und anderen Teigwaren aus weißem Mehl und Käse, was eine ganz falsche Kombination ist. Im Interesse Ihrer Gesundheit sollten Sie in Zukunft auf solche Gerichte verzichten. Die Kürbissorten sind ebenfalls Gemüsefrüchte und in gekochtem Zustand nicht schädlich. Auch Spinat, der gekocht sehr viel Oxalsäure enthält, die Kalzium bindet, sollte besser roh verzehrt werden.

Denken Sie bei der Zubereitung von Gemüse daran, es als Hauptmahlzeit und nicht als Beilage zu sehen. Bereiten Sie große Mengen Gemüse zu und reichen Sie es in einzelnen Schüsseln (man kann große Holzschüsseln verwenden), die bis zum Rand mit diesem heißen gebutterten Gemüse gefüllt sind.

Erst wenn Sie diese Gemüse-Mahlzeiten einmal kennengelernt haben, werden Sie sehen, wie köstlich und ungemein sättigend sie sind. Sollen mehrere Gänge gereicht werden, ergänzen Sie die Gemüsemahlzeiten mit Salat, gedämpftem braunem Reis oder heißen gebutterten Vollkornbroten.

Gedämpfter Brokkoli mit Zitronen Buttersoße ***

3–4 Portionen

Entfernen sie die dicken Enden der Brokkolistrünke. Teilen Sie jeden Stiel oder Strunk in einzelne Röschen, wobei 5–8 cm des Stiels belassen werden. Geben Sie den Brokkoli in den oberen Teil eines Gemüsedämpftopfes, dessen unterer Teil mit kochendem Wasser gefüllt ist. Zugedeckt so lange dämpfen, bis das Aroma des Gemüses wahrnehmbar ist, d.h. ungefähr 7–10 Minuten. Beim Anstechen mit einer scharfen Messerspitze sollte der Brokkoli weich und noch leuchtend grün sein.

Die Butter bei niedriger Hitze in einer kleinen Pfanne schmelzen, dann die Zitrone und etwas Kräutergewürz dazugeben. Gießen Sie die Soße über den heißen Brokkoli. Die angegebene Menge kann entweder als Hauptgericht, ergänzt durch einen Salat, oder als Beilage zu gedämpftem braunem Reis dienen.

Die Zitronen-Buttersoße eignet sich für fast alle gedämpften Gemüse, besonders fein schmeckt sie zu Zucchini, gelbem Kürbis, Stangenbohnen (oder grüne Bohnen), Blumenkohl und Rosenkohl, eignet sich aber auch als Dip für Artischocken.

Frische Gartenerbsen und Kopfsalat **

2–3 Portionen

1/4 Tasse frische Butter
1 Knoblauchzehe
3 Tassen frische Erbsen (ca. 1 1/4 Pfund in Schoten)
oder 1 Pfund gefrorene Erbsen
1 Kopf Salat, römischer, rotblättriger, Butter- oder Eissalat
1/4 Teelöffel Basilikum
1/4 Teelöffel Thymian
3/4 Tassen Wasser
Kräutergewürz (nach Geschmack)

Ein besonders gutes Hauptgericht, wenn die Erbsen Saison haben. Erbsen sind ein ziemlich konzentriertes Gemüse und deshalb gut sättigend.

Schmelzen Sie die Butter in einer schweren Pfanne (oder Wok). Teile Sie den Knoblauch in 2–3 Stücke und schmoren Sie ihn für ein paar Minuten in der Butter bei niedriger Hitze.

Dann die Knoblauchstückchen herausnehmen. Jetzt die Erbsen dazugeben. Unter Rühren weiter schmoren, bis die Erbsen von der Butter bedeckt sind.

Den Salat grob hacken und zu den Erbsen geben. Kräuter und Wasser zufügen und unter ständigem Rühren zum Kochen bringen. Die Hitze auf niedrige Mittelhitze reduzieren, zudecken und bei gefrorenen Erbsen 10 Minuten, bei frischen Erbsen 25 Minuten kochen. Abdecken und weiter kochen lassen, bis die Flüssigkeit aufgesogen ist. Nach Geschmack Kräutergewürz und Butter zugeben.

Gedämpftes Mischgemüse I ** 6 Portionen

Dieses Rezept ist ein Beispiel dafür, wie Sie verschiedene Gemüsesorten miteinander mischen können. Den Grundregeln folgend können Sie eigene Zusammenstellungen nach Ihrem Geschmack ausprobieren.

1 Strunk Brokkoli
1 Kopf Blumenkohl
2 große gelbe Kürbisse (Sommerkürbis oder Squash)
1/4 Tasse rohe Butter oder naturbelassenes Distelöl, Sonnenblumen- oder Maisöl
2 Eßlöffel frisch gepreßter Zitronensaft oder
1 Eßlöffel Tamari
1 Eßlöffel Sesam (nach Wunsch)

Entfernen Sie die dicken Enden der Brokkolistrünke. 5–8 cm der Stiele werden belassen, jedoch der Länge nach, den Röschen entsprechend, auseinandergeschnitten. (Stärke ca. 1 1/2–2 1/2 cm). Entfernen Sie den Strunk des Blumenkohls und teilen Sie den Kopf in große Röschen. Teilen Sie den Kürbis in ca. 1 1/2 cm dicke Scheiben.

Geben Sie den Blumenkohl auf den oberen Teil des Dämpftopfes und dämpfen Sie ihn 5 Minuten über kochendem Wasser.

Geben Sie den Brokkoli und den Kürbis dazu und dämpfen Sie das Gemüse zusammen weitere 7–10 Minuten oder bis es gar ist.

Für das gemischte Gemüse gibt es verschiedene Soßenvarianten. Entweder die bereits beschriebene Zitronen-Buttersoße, bestehend aus 2 Eßlöffeln frischen Zitronensaftes auf 1/4 Tasse geschmolzene Butter. Wenn Sie keine Butter verwenden wollen, können Sie 1/4 Tasse naturbelassenes Öl und 2 Eßlöffel Zitronensaft oder 1/4 Tasse naturbelassenes Öl und einen Eßlöffel Tamari vermischen. Mit Sesam bestreuen.

Gedämpftes Mischgemüse II **

6 Portionen

2 Pfund Stangenbohnen (oder grüne Bohnen)
2 große Karotten
1 Eßlöffel naturbelassenes Distelöl
1/2 Tasse Wasser
1 Strunk Brokkoli
1/4 Tasse frische Butter oder naturbelassenes Öl
1 Eßlöffel frisch gepreßter Zitronensaft
Kräutergewürz (nach Geschmack)

Die Bohnen werden gewaschen und die Enden abgeschnitten. Die Karotten geviertelt und dann in ca 1 1/2 cm lange Stücke geschnitten. Das Öl wird in einer schweren Pfanne (oder Wok) erhitzt. Die Karotten hineingeben und durch Rühren mit Öl überziehen. Mit den Stangenbohnen wird ebenso verfahren. Das Wasser zufügen, die Pfanne gut zudecken und das Gemüse bei Mittelhitze 10 Minuten dämpfen. Schneiden Sie die dicken Enden der Brokkolistrünke bis auf 5–8 cm der Stiele mit den Röschen ab.

Den Brokkoli dünn aufschneiden und dem anderen Gemüse zufügen. Zudecken und weitere 10 Minuten dämpfen, bis alles weich geworden ist, jedoch die Farben erhalten geblieben sind. Geben Sie alles in eine große Servierschüssel, fügen Sie die geschmolzene Butter oder das Öl, den Zitronensaft und Kräutergewürz zu und mischen Sie gut.

Gemüseplatte I ***

4 Portionen

4-6 zarte, junge Karotten in Streifen geschnitten
1 mittelgroße Zucchini, grün
1 mittelgroße Zucchini, gelb
1 kleiner Blumenkohl, weiß
1 kleiner Blumenkohl, grün
1 Kohlrabi, grün
1 Brokkoli mit Röschen
2 Tassen grüne Bohnen

Gemüse zugedeckt über kochendem Wasser dämpfen. Auf Wunsch kann Butter oder Zitrone miteinander verrührt und über das Gemüse gegossen werden.

Gemüseplatte II **

3–4 Portionen

3–4 Rote Bete
1/2 mittelgroßer Kohlkopf
4 mittelgroße Karotten oder Pastinaken
4 kleine Zucchini oder irgendein beliebiges
Gemüsesortiment
4 neue Kartoffeln, ungeschält, oder 4 weiße Rüben,
geschält
3 große Brokkolistiele mit Röschen
1/4 Tasse Butter zerlassen, oder Kräuterbuttersoße
1 Spritzer frischer
Zitronensaft (nach Wunsch)

Die Rote Bete, Rüben und Karotten ungefähr 20 Minuten, oder bis sie weich sind, im Gemüsedämpfer dämpfen. Rote Bete schälen und Kartoffeln abpellen. Vom Brokkoli die dicken Stengel abschneiden, dabei ungefähr 7 cm lange Stiele mit den Röschen belassen. Den Kohl vierteln, Brokkoli, Kohl und die ganzen Zucchini in Gemüsedämpfer geben und zugedeckt ungefähr 10 Min. dämpfen. Brokkoli und Zucchini der Länge nach aufschneiden. Rote Bete und Kartoffeln sowie die Karotten in mundgerechte Würfel teilen.

Das grüne Gemüse in die Mitte der Platte geben, Rote Bete, Kartoffeln und Karotten kreuzförmig außen herum anrichten. Mit zerlassener Butter, der ein Spritzer Zitronensaft beigegeben wurde, oder mit Kräuterbuttersoße servieren.

»Tortilla Boogie« * 4–6 Portionen

Tortillas werden heutzutage immer beliebter, wahrscheinlich können Sie in Ihrem Umkreis einen Naturkostladen oder italienischen Laden finden, in dem sie täglich frisch gebacken werden.

Wir haben diese Tortillas »Boogie« genannt, denn wenn Sie keine elektrische Brat- oder Crêpepfanne besitzen, die Sie am Tisch haben, müssen Sie beim Backen der Tortillas zwischen Küche und Eßplatz ständig hin- und herrennen. Die Tortillas sollten heiß aus der Pfanne gegessen werden, jede einzelne frisch gebacken. Diese Mahlzeit macht am meisten Spaß, wenn sie in der Küche gegessen wird.

Wählen Sie aus dem folgenden Gemüseangebot drei oder vier Sorten aus:

2 knappe Pfund Spargel
2 Strünke Brokkoli
4 gelbe Kürbisse (Squash), die kleinen, länglichen
1 großer Blumenkohl
1 knappes Pfund Rosenkohl
1 knappes Pfund frische Pilze
1 Kopf Eis-, römischer oder roter Blattsalat
3 Tassen Alfalfasprossen
Butter, Senf, Mayonnaise
Kräutergewürz (nach Geschmack)
2–3 Packungen Maistortillas (rechnen Sie pro Person 3–4 Stück)

Zuerst wird das Gemüse vorbereitet. Man schneidet die dicken Enden des Spargels sowie des Brokkolis ab, wobei bei letzterem 5–8 cm der Stiele belassen und zusammen mit den Röschen verwendet werden.

Schneiden Sie den Brokkoli in lange, dünne röschenförmige Scheiben, schneiden Sie die gelben Kürbisse in ca. 1 1/2 cm große Würfel. Entfernen Sie den Strunk des Blumenkohls und würfeln Sie den Kopf. Putzen Sie den Rosenkohl. Wenn Sie Pilze verwenden wollen, bereiten Sie sie so vor, wie für geschmorte (gedünstete) Pilze.

Geben Sie das Gemüse – mit Ausnahme der Pilze – in den oberen Teil eines Gemüsedämpfers, dessen unterer Teil mit kochendem Wasser gefüllt ist. Blumen- oder Rosenkohl werden 5–10 Minuten vor der Zugabe des Brokkoli oder der Kürbisse vorgekocht. Dämpfen Sie das Gemüse solange, bis es weich ist. (Garprobe mit einer Messerspitze machen). Teilen Sie den Bumenkohl in mundgerechte Stükke und die Rosenkohlröschen in zwei Hälften. Geben Sie das ganze Gemüse in eine große Schüssel.

Die Salatblätter werden geteilt gewaschen, getrocknet und in einer großen hölzernen Schüssel ausgebreitet. In die Mitte kommt eine großzügig bemessene Menge Alfalfasprossen.

Eine kleine oder mittelgroße Bratpfanne wird bei großer Hitze sehr heiß gemacht, dann wird die Temperatur heruntergeschaltet.

Jetzt können Sie die Tortillas füllen. Jeder kann dies nach seinem Geschmack tun. Erhitzen Sie die Tortilla in der vorgeheizten Pfanne, bis sie weich wird, sie dürfen jedoch nicht kroß werden.

Wenn Sie Gewürze verwenden wollen, sollten Sie zuerst eine kleine Menge weiche Butter, Senf oder Mayonnaise auf die heiße Tortilla streichen. Legen Sie ein Salatblatt auf und dann eine Auswahl gedämpften Gemüses in die Mitte. Als Abschluß Alfalfasprossen und Kräutergewürz. Dann die Tortilla fest um die Gemüsefüllung wickeln, so daß Sie gut aus der Hand gegessen werden kann.

Bei dieser Mahlzeit sollten Sie sich nicht scheuen, immer wieder zur Pfanne zurückzukehren. Sie werden sicherlich die verschiedenen Möglichkeiten der Gemüsezusammenstellungen und des Würzens ausprobieren wollen, um zu sehen, was Ihnen am besten schmeckt. Essen Sie von den Tortillas so viel Sie wollen, so daß Sie sich angenehm gesättigt fühlen. Genießen Sie es! Es ist im Grunde eine Gemüsemahlzeit, die reinigend wirkt, wenn Sie es nicht übertreiben. Wenn es Ihnen schmeckt, kann dieses Gericht zu einer wichtigen Mahlzeit bei Ihrer Übergangskost werden.

Gemüseeintopf ** 3–4 Portionen

1 Eßlöffel naturbelassenes Distelöl
1 Eßlöffel frische Butter
1 Knoblauchzehe
1 Zwiebel
1 große Karotte
2 Tassen frische Erbsen
1 Blumenkohl
1 Gemüsebrühwürfel
1 Teelöffel Maisstärke
1 1/2 Tassen Wasser
1/4 Teelöffel Thymian
1/2 Teelöffel Kräutergewürz
1 knappes halbes Pfund frische Stangenbohnen (grüne Bohnen)

Erhitzen Sie Öl und Butter in einer schweren Pfanne (oder Wok). Hacken Sie den Knoblauch fein und die Zwiebel grob und dünsten Sie sie kurz an. Schneiden Sie die Karotte in kleine Würfel, die Stangenbohnen in 2 1/2 cm Stücke und geben Sie sie zusammen mit den Erbsen in die Pfanne und dünsten alles unter häufigem Rühren. Entfernen Sie vom Blumenkohl den Strunk und teilen Sie den Kopf in kleine Röschen. Ebenfalls in die Pfanne geben und gut mischen. Den Gemüsebrühwürfel und die in Wasser aufgelöste Maisstärke zufügen. gut mischen, damit der Würfel sich auflöst. Dann Thymian und Kräutergewürz zugeben. Die Soße zum Kochen bringen, die Hitze reduzieren und 20 Minuten, oder bis das Gemüse weich ist, zugedeckt köcheln lassen. Sollte die Soße während des Kochens zu dick werden, geben Sie noch eine halbe bis eine ganze Tasse Wasser dazu. Servieren Sie den Gemüseeintopf zu gedämpftem Kürbis oder zu Kartoffelbrei, auch Röstkartoffeln eignen sich als Beilage.

Gedämpfter Sommerkürbis (Squash) *

3–4 Portionen

1 Kürbis und frische Butter nach Geschmack

Schneiden Sie den Kürbis in große Stücke, entfernen Sie die Samen und geben Sie die Stücke in den oberen Teil eines Gemüsedämpfers, dessen unterer Teil mit kochendem Wasser gefüllt ist. Zugedeckt 20 Minuten bis 1/2 Stunde, oder bis der Kürbis weich ist, dämpfen. Den Deckel entfernen, den Kürbis etwas abkühlen lassen und dann von der Schale kratzen. Zerdrücken und mit frischer Butter nach Geschmack servieren. Anstelle von Squash können Sie auch grüne oder gelbe Zucchini nehmen.

Blumenkohl **

2 Portionen

Der Vorteil dieses einfachen, schmackhaften Blumenkohlgerichtes liegt darin, daß man den Blumenkohl im voraus zubereiten kann. Vor dem Servieren erhitzt man ihn in einer Auflaufform.

1 großer Kopf Blumenkohl
1 Tasse Wasser
1 Eßlöffel frisch gepreßter Zitronensaft
2 Eßlöffel frische Butter
1/4 Tasse Vollkornbrösel
Kräutergewürz (nach Geschmack)

Entfernen Sie den Strunk und teilen Sie den Kopf in Röschen. Diese Röschen geben Sie in eine mittelgroße Pfanne (oder Wok), zusammen mit dem Wasser und dem Zitronensaft. Zum Kochen bringen, zudecken und 15 Minuten köcheln lassen, oder solange, bis der Blumenkohl weich ist. (Garprobe mit spitzem Messer). Sie sollten den Kohl nicht zu lange kochen, er darf nicht musig werden. Abtropfen lassen und bis zur Weiterverarbeitung beiseite stellen. Den Ofen vorheizen. Den Blumenkohl in einer feuerfesten Form anrichten und mit der geschmolzenen Butter begießen. Vollkornbrösel darüberstreuen. Mit Kräutergewürz abschmecken. Stellen Sie die feuerfeste Form 15 Minuten ins Backrohr oder so lange, bis der Blumenkohl durchwärmt ist. Dieses Gericht ist eine gute Beilage zu einem großen Salat. Wegen der Vollkornbrösel sollten Sie keinen Käse über den Salat geben.

Stangenbohnen auf französische Art **

2–3 Portionen

1 knappes Pfund frische Stangenbohnen
2 Eßlöffel frische Butter oder die entsprechende Menge naturbelassenen Oliven- oder Distelöls
1 Knoblauchzehe
1 Tasse Wasser
Kräutergewürz nach Geschmack
1 Spritzer frischer Zitronensaft

Schneiden Sie die Stangenbohnen in lange dünne Streifen und entfernen Sie dabei die Enden. Schmelzen Sie die Butter oder erhitzen Sie das Öl in einer schweren Pfanne (oder Wok). Schneiden Sie den Knoblauch in Scheiben und geben Sie ihn ins Öl. Fügen Sie dann die Bohnen hinzu und wenden Sie sie im Öl. Fügen Sie das Wasser zu und bringen Sie es zum Kochen. Zugedeckt 15 Minuten bei schwacher Hitze köcheln lassen, oder solange, bis die Bohnen weich sind. Mit Kräutergewürz und einem Spritzer Zitronensaft würzen. Diese Menge ist ein Hauptgericht, die Bohnen ergeben aber auch gekühlt eine köstliche Zugabe zum täglichen Salat nach dem Grundrezept.

Grüne Bohnen mit Knoblauch ** 2 Portionen

1 Teelöffel zerdrückter Knoblauch
2 Eßlöffel Olivenöl
1/2 Teelöffel getrockneter Thymian
2 Tassen Wasser
1/2 Teelöffel Meersalz
1 Spritzer Zitronensaft oder Kräutergewürz,
4 Tassen frische oder tiefgefrorene Bohnen in 5 cm Stücke geschnitten
frisch gemahlener schwarzer Pfeffer
2 Teelöffel gekörnte Gemüsebrühe oder 1 Gemüsebrühwürfel

Öl in großer schwerer Pfanne erhitzen. Knoblauch und Bohnen zufügen, bei starker Hitze schmoren, häufig umrühren, damit nichts anbrennt. Nach Geschmack Thymian, Meersalz und Pfeffer zugeben. Dann Wasser und Gemüsebrühe. Zum Kochen bringen, fest zudecken, Hitze auf mittelschwach reduzieren, 20-30 Minuten oder bis Bohnen weich sind (mit scharfen Messer anstechen) köcheln. Falls nötig, mehr Wasser zugeben. Gefrorene Bohnen garen in der Hälfte der Zeit. Spritzer Zitronensaft zugeben und gut vermischen.

Gedämpfte Zucchini ** 2–3 Portionen

2 knappe Pfund frische Zucchini, vorzugsweise
die kleinere, aromatischere Sorte
2 Eßlöffel naturbelassenes Olivenöl
1/2 Teelöffel getrocknetes Basilikum
1/2 Tasse Wasser
Frische Butter und Kräutergewürz (nach Geschmack)

Schneiden Sie die Zucchini in ca. 1/2 cm dicke Scheiben. (Die Enden entfernen.) Erhitzen Sie das Öl in einer großen schweren Pfanne (oder Wok), geben Sie die Zucchinischeiben hinein und wenden Sie sie im Öl. Basilikum und Wasser zufügen und zum Kochen bringen. Zugedeckt bei niedriger Mittelhitze ca. 5 Minuten köcheln lassen oder solange, bis sie gerade weich sind. Die Zucchini sind gar, wenn die Farbe durchsichtig wird. Heben Sie die Scheiben mit einem Sieblöffel heraus und verteilen Sie sie auf 2–3 hölzerne Schüsseln. Frische Butter und Kräutergewürz nach Geschmack zugeben.

Zucchini sind so stark wasserhaltig, daß Sie eine ganze Menge davon essen können, ohne daß Sie sich überessen. Wenn Sie den ganzen Tag nur Früchte zu sich genommen haben, ist eine große Schüssel gebutterter Zucchini (oder, wenn Sie die Butter weglassen wollen, nehmen Sie etwas Olivenöl) und ein Salat nach dem Grundrezept eine sehr sättigende und reinigende Mahlzeit.

Variante: Sie können verschiedene kleine längliche Sommerkürbisarten (Squash) genau so zubereiten wie die Zucchini.

Gebackener Eichelkürbis (Squash) ** 2–4 Portionen

2 Eichelkürbisse
1 Eßlöffel frische Butter
4 Teelöffel naturbelassener Honig
Muskatnuß nach Geschmack

Den Ofen vorheizen. Teilen Sie den Kürbis in zwei Hälften und entfernen Sie die Kerne. Stellen Sie die Hälften in eine flache Backform. Geben Sie auf jede Hälfte 1/2 Eßlöffel Butter, 1 Teelöffel Honig und eine Prise Muskat. Gießen Sie 1/2 Tasse Wasser in das Gefäß, decken es fest mit Aluminiumfolie ab und backen die Kürbisse 1 Stunde lang oder bis sie weich sind. (Garprobe mit scharfem Messer). Lockern Sie die Kürbisse mit einer Gabel in der Schale etwas auf. Reicht für 2 Personen als Hauptgericht oder für 4 Personen als Beilage zu grünen Bohnen mit Knoblauch und einem Salat.

Eintopf aus Erbsen und Pilzen ** 3–4 Portionen

1/4 Tasse frische Butter
1 kleine Zwiebel, in dünne Scheiben geschnitten
1/2 Pfund (knapp) frische Pilze in Scheiben
1 Kopf römischer oder Eissalat, in kleine Stücke geteilt
3 Tassen frisch gepahlte Erbsen
1 Teelöffel Basilikum
Kräutergewürz

Schmelzen Sie die Butter in einer schweren, feuerfesten Kasserole (oder Wok). Geben Sie die Zwiebel dazu und schmoren Sie sie glasig. Dann die Pilze zufügen, kurz schmoren bis sie mit Butter überzogen sind. Den Salat zufügen und gut mischen. Erbsen, Basilikum und Wasser dazugeben. Zum Kochen bringen, die Hitze auf mittel reduzieren, fest zudecken. 15–20 Minuten oder bis die Erbsen weich sind, und der Salat zusammengefallen ist, köcheln lassen.

Mit einer Prise Gewürzsalz abschmecken. Reichen Sie den Eintopf zu gedämpftem braunem Reis, Couscous oder Basmatireis. Sie werden begeistert sein.

Unsere beste Maiscreme ** 2–3 Portionen

6 frische Maiskolben oder ca. 1/2 kg gefrorene Kolben
2 Eßlöffel frische Butter
2 Eßlöffel Vollkornweizenmehl
1/2 Tasse Wasser (vom Dämpfwasser der Maiskolben)
1/2 Tasse Rahm
1/2 Teelöffel Kräutergewürz

Dämpfen Sie die Maiskolben 5 Minuten in einem Gemüsedämpfer über kochendem Wasser. Leicht abkühlen lassen und dann die Körner entfernen. Wenn Sie gefrorenen Mais verwenden, bereiten Sie die Soße zu und fügen die Körner zum Schluß zu. Schmelzen Sie die Butter in einer schweren Pfanne (oder Wok). Rühren Sie das Mehl ein. Geben Sie das Wasser zu und rühren Sie, bis sich ein glatter Teil bildet. Dann fügen Sie den Rahm und das Kräutergewürz zu und rühren weiter, bis sich eine dickliche Soße bildet. Dann die Maiskörner einrühren und einige Minuten ganz leicht köcheln und durchziehen lassen. Nicht mehr kochen.

Gedünstete Pilze **

3–4 Portionen

1 Pfund frische Pilze (wählen Sie Pilze, deren Kappen sich noch nicht an den Stielen geöffnet haben, um sicher zu gehen, die frischmöglichste Ware zu bekommen).
2 Eßlöffel naturbelassenes Distel- oder Olivenöl oder 1 Eßlöffel Öl und 1 Eßlöffel Butter
1/2 Teelöffel Kräutergewürz (nach Wunsch)
1 Prise Thymian oder Basilikum
1–2 Eßlöffel frisch gepreßter Zitronensaft (nach Geschmack)

Waschen Sie die Pilze vorsichtig und nicht zu lange, damit sie sich nicht vollsaugen. Erhitzen Sie das Öl in einer großen Pfanne (oder Wok). Schneiden Sie die Stielenden der Pilze ab und schnibbeln Sie die Pilze in dünnen Scheiben direkt in die Pfanne. Schmoren Sie sie bei mittlerer Hitze, bis sie gut mit Öl bedeckt sind und gerade beginnen, die Farbe zu verändern. Sie sollten nicht zu weich sein. Nehmen Sie die Pfanne vom Herd und rühren Sie das Kräutergewürz, den Thymian und den Zitronensaft hinein.

Geschmorte (oder gedünstete) Pilze eignen sich als Zugabe für jede Art von gedämpftem Gemüse, ein besonderer Genuß sind sie in der Tortilla »Boogie«. Sie können auch mit gedämpften Körnern wie braunen Reis oder Couscous kombiniert werden.

Gefüllte Pilze * 3 Portionen

Dieses Gericht eignet sich als Hauptmahlzeit zusammen mit gedämpftem Gemüse, gedämpften Körnern und/oder einer großen Portion Salat. Gut geeignet sind der Cäsarsalat oder frische Gartenerbsen und Kopfsalat.

12 große oder 20 kleinere Pilze mit Stielen
1 kleine Zwiebel
1 Rippe Sellerie
2 Eßlöffel naturbelassenes Olivenöl
2 Knoblauchzehen
1/2 Teelöffel getrockneter Salbei
1/4 Teelöffel Thymian
Kräutergewürz (nach Geschmack)
2 Eßlöffel gehackte frische Petersilie
2 Eßlöffel frisch gepreßter Zitronensaft
1/4 Tasse frische Butter

Entfernen Sie die Stiele der Pilze. Waschen Sie die Kappen vorsichtig und legen Sie sie auf Küchenpapier zum Abtropfen. Stiele, Zwiebel und Sellerie werden fein gehackt.

Erhitzen Sie das Olivenöl in einer großen schweren Pfanne (Wok). Geben Sie das gehackte Gemüse hinein und dünsten Sie es leicht an. Pressen Sie eine der Zehen mit einer Knoblauchpresse und geben Sie sie zu dem gehackten Gemüse. Gut mischen. Fügen Sie Salbei, Thymian und Kräutergewürz zu. Dünsten Sie die Füllmasse einige Minuten weiter, bis sie weich wird. Dann die Petersilie und den Zitronensaft hineinrühren. Beiseite stellen.

Heizen Sie das Backrohr vor. Schmelzen Sie die Butter und fügen Sie die zweite zerdrückte Knoblauchzehe zu. Füllen Sie jede Pilzkappe mit einem großzügigen Löffel der Masse und legen Sie sie in eine flache feuerfeste

Schale. Gießen Sie die Knoblauchbutter über die Pilze. Zwanzig Minuten backen, bis die Pilze weich sind und der Duft durch die Küche zieht. Noch kurz im Grill bräunen (einige Minuten).

Ratatouille aus Pilzen ** 3 Portionen

Ein lieblicher Salat, den man mit einem grünen Salat kombinieren, vermischt mit Teigwaren und als Aufstrich zu Crackers oder Gurkenscheiben als Vorspeise verwenden kann. Er schmeckt warm und kalt und ist ganz einfach in der Zubereitung.

2 Eßlöffel Olivenöl
1 Teelöffel getrockneter Thymian
1 Teelöffel getrockneter Majoran
1/2 Tasse fein gehackte rote Zwiebel
ca. 500 g Pilze, die Enden gekürzt, die Kappen fein geschnitten
1 große frische Tomate, geschält und gehackt (1 Tasse)
Kräutergewürz (nach Wunsch)
frisch gemahlener schwarzer Pfeffer

1. Erhitzen Sie Öl, Gewürze und Zwiebel in einer Pfanne. Fügen sie die Pilze zu und schmoren Sie sie bis der Saft austritt.
2. Dann die gehackten Tomaten zugeben und mit Gewürzen und Pfeffer abschmecken.

Greg´s Lieblings-(Winter)Succotash **

4–5 Portionen

2 Tassen getrocknete Limabohnen
7 Tassen Wasser
3 Tassen gewürfelte Karotten
3 Tassen frische Erbsen (oder gefrorene Erbsen) oder
 3 Tassen frische grüne Bohnen, in ca. 2 1/2 cm große Stücke geschnitten
3 Tassen frischer Mais (vom Kolben geschnitten)
 oder 1/2 kg gefrorener Mais
1 Gemüsebrühwürfel
1/4 Tasse frische Butter
1/2 Teelöffel Kräutergewürz

Waschen Sie die Limabohnen gründlich und geben Sie sie zusammen mit dem Wasser in eine große schwere Pfanne (Wok). Bringen Sie sie zum Kochen und lassen Sie sie 1 Minute kochen. Schalten Sie die Hitze ab. Weichen Sie die Bohnen zugedeckt mehrere Stunden ein, wenn Sie Zeit haben, wenn nicht, mindestens eine Stunde. Wenn die Bohnen schon etwas weich sind, können Sie mit der Zubereitung des anderen Gemüses beginnen.

Bringen Sie die Bohnen im Einweichwasser zum Kochen. Reduzieren Sie die Hitze und lassen Sie sie zugedeckt, bei niedriger Mittelhitze solange köcheln, bis sie weich sind, ca. 30 Minuten bis zu einer Stunde, je nachdem wie lange sie eingeweicht worden waren. Fügen Sie dann die Karotten, die Erbsen oder die grünen Bohnen zu und köcheln Sie sie weitere 15 Minuten. Dann den Mais, der 5–10 Minuten köcheln muß. Jetzt den Brühwürfel zugeben und solange rühren, bis er sich aufgelöst hat. Butter und Kräutergewürz zufügen und rühren, bis alle Zutaten gut miteiander vermischt sind. Diese Menge reicht als Hauptgericht für 4 oder 5 Personen und läßt sich gut mit dem Salat nach dem Grundrezept kombinieren.

Fenchel ** — 4 Portionen

Der süße Geschmack des Fenchels wird durch den würzigen Knoblauch ergänzt. Dieses Gericht eignet sich hervorragend für eine Gemüseplatte mit geschmorten, gegrillten und gedämpftem Gemüse.

2 große Fenchelknollen
2 mittelgroße Knoblauchzehen, gehackt
1 Eßlöffel Olivenöl
1 Tasse Gemüsebrühe
Frisch gemahlener Pfeffer

1. Herd vorheizen. Fenchel putzen und die Stengel unterhalb der Blätter abschneiden. Äußere harte Blätter entfernen. Halbieren, Inneres entfernen und der Länge nach oder kreuzweise, wenn Sie wünschen, in feine Scheiben schneiden.

2. Knoblauch und Öl in einer Pfanne bei mittlerer Hitze 1 Minute lang erhitzen. Fenchel wenden und unter häufigem Rühren 3 Minuten schmoren, bis der Fenchel leicht gebräunt ist.

3. Brühe in die Pfanne gießen, zum Kochen bringen und über den Fenchel gießen. Ohne Deckel im Backrohr 25 bis 30 Minuten überbacken. Mit frisch gemahlenem Pfeffer nach Geschmack würzen.

Salat »Niçoise« ***

4 Portionen

7–8 mittelgroße neue Kartoffeln
(nach Wunsch geschält)
ca. 450 g frische Stangenbohnen
1 Tasse Mayonnaise (selbstgemacht)
Kräutergewürz
3 große Karotten
1 großer Strunk Brokkoli
1/2 Teelöffel Thymian
2 Tassen frische oder gefrorene Erbsen

Die Karotten und die Kartoffeln werden zusammen in einem Gemüsedämpfer ca. 1/2 Stunde lang gedämpft, bis sie weich sind. (Stichprobe mit scharfem Messer). In der Zwischenzeit wird das restliche Gemüse vorbereitet. Die Stangenbohnen werden in ca. 1 1/2 cm Stücke geschnitten, die Erbsen ausgepahlt und der Brokkoli in kleine Röschen geteilt. Die Karotten und Kartoffeln werden nach dem Dämpfen zum Auskühlen beiseite gestellt und statt dessen die Erbsen und Stangenbohnen zusammen 15 Minuten lang (gefrorene Erbsen 5 Minuten, zuletzt zufügen) in den Dampftopf gegeben.

Nach den 15 Minuten werden die Brokkoliröschen dazugegeben und alles zusammen weitere 10 Minuten gedämpft (oder bis der Brokkoli gar ist). Während das Grüngemüse dämpft, schneidet man die Karotten und Kartoffeln in kleine Würfel. Dann das ganze noch warme Gemüse in eine große Schüssel geben, mit der Mayonnaise, dem Thymian und dem Kräutergewürz gut durchmischen und durchziehen lassen. Auf einzelnen Tellern auf einem Salatblatt servieren, mit reichlich Tomatenvierteln und Gurkenscheiben garnieren oder mit dem Salat nach dem Grundrezept kombinieren.

Schlechtwetter-Salat ***

3–4 Portionen

Dieser Salat besteht aus einer Kombination aus gedämpftem Gemüse und dem Salat nach dem Grundrezept. Er bildet eine sättigende Mahlzeit.

2 Eßlöffel naturbelassenes Distelöl
2 Tassen frische Stangenbohnen, in Stücke geschnitten
1 Kopf Blumenkohl, in kleine Röschen geteilt
2 Tassen in Scheiben geschnittene Karotten
1 Teelöffel Pfeilwurzelmehl
1 Tasse Wasser
1 Würfel Gemüsebrühe (nach Wunsch)
1 Teelöffel Majoran

1 Salat nach dem Grundrezept, ohne Tomaten
1/4 Teelöffel Thymian
Kräutergewürz nach Geschmack
2 Teelöffel frisch gepreßter Zitronensaft
1/2 Tasse naturbelassenes Distel- oder Olivenöl (nach Wunsch)
1 Teelöffel Mayonnaise (nach Wunsch)

Erhitzen Sie die 2 Eßlöffel Distelöl in einer Pfanne. Geben Sie die Bohnen, den Blumenkohl und die Karotten hinein, dann umrühren, bis sie mit Öl bedeckt sind. Lösen Sie das Pfeilwurzelmehl in Wasser auf und gießen Sie es über das Gemüse. Fügen Sie den Gemüsebrühwürfel und den Majoran zu und lassen sie aufkochen. Rühren Sie, bis sich der Würfel aufgelöst hat und die Soße leicht dicklich zu werden beginnt. Zudecken, die Hitze auf mittel bis niedrig zurückschalten und 15 bis 20 Minuten köcheln lassen, bis das Gemüse weich und die Soße sämig ist.

Während das Gemüse kocht, bereiten Sie den Salat nach dem Grundrezept zu. Dann geben Sie das gedämpfte Gemüse mit der Soße in den Salat. Sie können mit frischen Kräutern garnieren oder Thymian und Kräutergewürz zufügen. Verschlagen Sie Zitronensaft, Öl und Mayonnaise miteinander und gießen Sie die Soße über den Salat. Gut mischen und servieren.

Chinesischer Gemüsesalat ** 3–4 Portionen

ca. 200 g Mungobohnensprossen
ca. 200 g Erbsenschoten
1 kleiner Chinakohl
2 Schalotten (nach Wunsch)
1 Karotte
1/4 Tasse Soyasoße oder etwas Tamari
2 Eßlöffel Zitronensaft oder brauner Reisessig*
1/4 Tasse Ketchup, mit Honig gesüßt
1/2 Teelöffel Knoblauchsalz (oder Sie reiben die Schüssel vor der Verwendung mit einer frischen Knoblauchzehe aus)
1/4 Tasse naturbelassenes Distelöl

Dämpfen Sie die Bohnensprossen und die Erbsen in zwei Tassen kochendem Wasser bis die Erbsen weich, aber noch grün und die Sprossen zusammengefallen sind. Gut abtropfen lassen. Hobeln Sie den Chinakohl sehr dünn und mischen Sie ihn mit dem warmen Gemüse. Hacken Sie die Schalotten mit etwas Grün. Reiben sie die Karotte auf einer feinen Reibe und geben Sie sie zu dem Gemüse. Sojasoße, Reisessig, Ketchup, Knoblauchsalz und Distelöl in einer kleinen Schüssel vermischen. Diese Soße über den Salat gießen und gut durchmischen. Sie können diesen Salat leicht warm oder aber einige Stunden vorgekühlt verzehren. Er ergibt einen guten Lunch zur Abwechslung und eignet sich gut in Verbindung mit Gemüse-Eierrollen. Köstlich schmeckt er auch in heißen Tortillas.

Anmerkung: Durch den braunen Reisessig wird der Salat würziger (schärfer). Es ist aber besser, wenn Sie auf Essig ganz verzichten.

Nudelsalat mit Dill ** 3–4 Portionen

Essen Sie Ihre Nudeln zur Abwechslung doch einmal als Salat. Nudeln und andere Teigwaren aus Weißmehl sind schwer verdaulich. Alternativen sind Gemüsenudeln, die mit Spinat, rotem Paprika, Rüben, grünen Zwiebeln, Basilikum, Karotten oder Tomaten hergestellt sind. Außerdem gibt es eine große Vielfalt an asiatischen Nudeln, die aus Buchweizen, braunem Reis, Süßkartoffeln und Vollkornweizen – um nur einige zu nennen – bestehen.

Auch Nudeln aus Jerusalem-Artischocken (Topinambur) und Sesam sind geeignet. Alle schmecken gut, und wenn Sie ein Nudelfan sind, sollten Sie alle einmal probieren. Vergessen Sie nur eines nicht: Je mehr Gemüse Sie zu Ihren Nudeln essen, um so leichter sind sie zu verdauen.

1 knappes Pfund Nudeln
2 Eßlöffel fein gehackte Petersilie
1/2 Tasse fein gewürfelter Sellerie
1 1/2 Tassen gehackte Tomaten
2 Tassen Spargelspitzen, zart gewürzt
1 Knoblauchzehe, zerdrückt
1/4–1/3 Tasse naturbelassenes Olivenöl
2 Eßlöffel gehackter frischer Dill
2 Eßlöffel gehacktes frisches Basilikum
Kräutergewürz (nach Geschmack)

Kochen Sie die Nudeln gemäß den auf der Packung angegebenen Anweisungen oder ungefähr 10 Minuten, so daß sie Biß behalten. Lassen Sie sie in einem Sieb abtropfen. Mit kaltem Wasser abschrecken und wieder gut abtropfen lassen. Mischen Sie Petersilie, Sellerie, Tomaten und Spargelspitzen in einer großen Schüssel. Heben Sie die Nudeln vorsichtig unter. Mischen Sie in einer kleinen

Schüssel den Knoblauch und das Olivenöl. Fügen Sie den frischen Dill und das Basilikum zu und mischen Sie gut. Entfernen Sie die Knoblauchstückchen und gießen Sie die Soße über den Salat. Mit Kräutergewürz abschmecken und alle Zutaten gut miteinander mischen. Kühlen und servieren.

Tomatensalat *** 2–3 Portionen

Dieser Salat schmeckt am besten zur Tomatenzeit, vor allem wenn es heiß ist und Sie den Salat gut gekühlt servieren. Er läßt sich gut mit Kartoffel-, Erbsen- und Karotten-, Kohlsalat und mit gedämpftem Gemüse kombinieren.

4 große, reife, saftige Tomaten
2 Eßlöffel fein gehacktes frisches Basilikum
2 Eßlöffel frisch gepreßter Zitronensaft
ca. 1/3 Tasse naturbelassenes Öl
1 Knoblauchzehe
1 Teelöffel Senf
1 Prise Thymian
Kräutergewürz nach Geschmack

Die Tomaten waschen, abtrocknen, in dünne Scheiben schneiden und in eine große Glasschüssel geben. Mit Basilikum bestreuen. Geben Sie den Zitronensaft in eine Meßtasse und füllen Sie die Tasse bis zu einem Drittel mit Olivenöl auf. Schneiden Sie die Knoblauchzehe in zwei bis drei Stücke und geben Sie sie in die Zitronen-Ölmischung. Dann den Senf zugeben und alles mit einer Gabel durchschlagen. Die Knoblauchstückchen wieder entfernen. Gemüsebrühwürfel und Thymian über die Tomaten streuen. Kräutergewürz zugeben. Die Soße über den Salat gießen und gut durchmischen.

Salat aus Pilzen und Schweizer Käse ***

4 Portionen

Wenn es Sie nach Käse gelüstet, so haben Sie hier eine gute Möglichkeit, ihn zu genießen. Statt des Schweizer Käses können Sie auch Münster Käse oder eine andere, vorzugsweise weiche Käsesorte wählen. Wegen des Eiweißgehaltes müssen Sie allerdings Stärke in dieser Mahlzeit vermeiden. Gemischtes gedämpftes Gemüse ist eine ausgezeichnete Beilage.

1 Bund Spinat
1 römischer oder roter Blattsalat
ca. 200 g frische Pilze*
1 Tasse grüne oder schwarze Oliven
1/4 Tasse gehackter Sellerie
ca. 200 g Schweizer Käse
2 Eßl. frisch gepreßter Zitronensaft
naturbelassenes Olivenöl
1 gepreßte Knochlauchzehe
1/4 Teelöffel Kräutergewürz (nach Wunsch)
2 Eßlöffe Mayonnaise

Spinat und Salat gründlich waschen und trocknen. Hacken Sie den Spinat und zerteilen Sie den Salat in mundgerechte Stücke. Die Pilze kurz in kaltem Wasser waschen. (Nicht zu lange, damit sie sich nicht vollsaugen.) Schneiden Sie die Pilze in dünne Scheiben und geben Sie sie zum Grünzeug. Fügen Sie dann die Oliven und den Sellerie zu. Schneiden Sie den Käse in dünne Stäbchen und vermengen Sie ihn mit dem Gemüse.

Gießen Sie den Zitronensaft in eine Meßtasse und fügen Sie soviel Olivenöl zu, daß die 1/3-Marke erreicht wird. Dann Knoblauch und Kräutergewürz zufügen und die Mayonnaise mit einer Gabel unterheben und solange schlagen, bis eine dickliche Creme entsteht. Entfernen Sie die Knoblauchstückchen und gießen Sie die Soße über den Salat. Gut durchmischen.

Anmerkung: Wählen Sie nach Möglichkeit Pilze aus, deren Kappe und Stiel nicht voneinander getrennt sind. Ist eine Öffnung entstanden, sind sie nicht mehr frisch.

Joghurtsalat Nr. 1 **

Wenn Sie Joghurt essen wollen, sollten Sie ihn mit viel frischem Gemüse kombinieren, um seiner verschleimenden Wirkung in Ihrem Körper zu begegnen. Achten Sie jedoch darauf, den Joghurtsalat niemals zusammen mit Stärkeprodukten zu essen, denn Joghurt ist ein Eiweißprodukt.

2 Tassen frische Alfalfasprossen
1 Tomate, gehackt
1 Stange Sellerie, gehackt
2 Eßlöffel feine gehackte frische Petersilie
1 Knoblauchzehe
1 Eßlöffel frisch gepreßter Zitronensaft
1 Tasse einfacher Joghurt (vorzugsweise aus Ziegenmilch)
Kräutergewürz (nach Geschmack)

Mischen Sie die Alfalfasprossen mit der gehackten Tomate und dem Sellerie. Geben Sie die gehackte Petersilie dazu. Zerdrücken Sie den Knoblauch mit der Gabel in einer kleinen Holzschüssel. Geben Sie den Joghurt und den Zitronensaft dazu und schlagen Sie alles gut durch. Entfernen Sie die Knoblauchstückchen. Gießen Sie die Soße über den Salat, würzen Sie und mischen Sie gut durch.

Eine gute Mahlzeit für eine Joghurtfreund, die aber kein Stärkeprodukt enthalten sollte.

Joghurtsalat Nr. 2 ***

2 Tassen frische Alfalfasprossen
2 Tassen fein gehackter Spinat
2 kleine rote süße Paprikaschoten, in Scheiben geschnitten
1 Gurke, geschält, geviertelt und in Scheiben geschnitten
1 Tomate, in Stücke geteilt
1 Knoblauchzehe
2 Eßlöffel frisch gepreßter Zitronensaft
2 Tassen einfacher Joghurt
Kräutergewürz (nach Geschmack)

Gedämpfte Artischocken *** 2 Portionen

4 gr. frische Artischocken 1/4 Tasse frische Butter
1 Eßlöffel frisch gepreßter Zitronensaft (nach Wunsch)

Nehmen Sie pro Person zwei Stück (nach Wunsch). Achten Sie beim Einkauf auf Früchte, deren Blätter noch nicht weit geöffnet sind. Je fester geschlossen, je kompakter die Früchte sind, umso frischer sind sie.

Schneiden Sie den kräftigen Stiel der Pflanze zu und kappen Sie die dornigen Spitzen der Blätter. Waschen Sie die Früchte. Geben Sie sie in einen Gemüsedämpfer, dessen unterer Teil mit kochendem Wasser gefüllt ist. Lassen Sie das Wasser so schwach kochen, daß es nicht verkocht.

Die Artischocken werden – je nach Größe – 35-45 Minuten gedämpft. Sie sind gar, wenn die äußeren Blätter leicht entfernt werden können. Man läßt sie abtropfen und vor dem Servieren etwas abkühlen.

Lassen Sie die Butter schmelzen und fügen Sie Zitronensaft – nach Wunsch – hinzu.

Beim Essen entfernt man die Blätter vom Stiel, eines nach dem anderen, die äußeren zuerst. Jedes Blatt kann in Butter oder Zitronensaft getaucht werden und der untere Teil, der weich ist, wird mit den Zähnen abgezogen.

Wenn Sie alle Blätter abgegessen haben, finden Sie am oberen Ende des Artischocken-Bodens eine pelzartige Substanz, das Zentrum der Blüte (Blume). Man entfernt es mit einem Messer (niemals essen), und Sie finden nun das Herz der Artischocke. Man kann es in Stücke teilen, eintauchen und essen.

Variante: Man kann die Artischockenblätter auch in Mayonnaise tauchen. Am besten schmeckt hausgemachte Mayonnaise.

Die folgenden drei Rezepte finden *keine* Bewertung.

Salat mit Fleisch

Wenn Sie noch Anfänger sind und sich das Fleischessen abgewöhnen wollen, aber feststellen, daß Ihre Gelüste nach Fleisch noch sehr groß sind, ist es am besten, das Fleisch direkt in den Salat zu geben. Diese Mischung ist schmackhaft, und am Ende essen Sie weniger Fleisch und mehr Salat. Durch die Kombination mit einer großen Menge frischen Gemüses wird das Fleisch leichter verdaulich.

Versuchen Sie nach Möglichkeit Ihr Rindfleisch (vermeiden Sie Schweinefleisch) von einem Bauernhof zu bekommen. Auf diese Weise vermeiden Sie wenigstens die negativen Auswirkungen zweifelhafter Fütterungsmethoden in der Massentierhaltung (siehe auch Harveys Buch »Unser Herz - Unsere Erde«). Dies ist ein Kompromißrezept für Gäste, die für eine natürliche Ernährung noch kein Verständnis haben.

1 Salat nach dem Grundrezept
Soße nach dem Grundrezept

2 Portionen einer Fleischsorte, nach der es Sie gerade gelüstet, z.B.
Steak oder Rostbraten.

Salat nach dem Grundrezept und mit der entsprechenden Soße zubereiten. Bereiten Sie das Fleisch nach Ihrem Geschmack zu und schneiden Sie es dünn in mundgerechte Stücke. Geben Sie es in den Salat und mischen Sie gut.

Mit dieser Menge kann der Appetit nach Fleisch und das Bedürfnis nach Salat von zwei hungrigen Personen befriedigt werden.

Denken Sie daran, am nächsten Tag viel frischen Karotten-/Selleriesaft zu trinken, um die durch den Fleischgenuß entstandene Säure in Ihrem Körper zu neutralisieren.
Keinesfalls Ihren Rindfleischsalat mit Stärke, egal welcher Art, kombinieren. (Reis, Kartoffeln oder Brot).

Salat mit Hähnchen

2 Portionen

1 Salat nach dem Grundrezept (siehe Seite 113)
Soße nach dem Grundrezept (siehe Seite 115)
2 Portionen Hühnerfleisch
2 Eßlöffel Mayonnaise (nach Wunsch)

Salat nach dem Grundrezept mit der entsprechenden Soße zubereiten. Das Hähnchen nach Geschmack zubereiten, in Stücke teilen, in den Salat geben, die Mayonnaise unterrühren und servieren.
Denken Sie daran! Keine Stärkenahrung zum Geflügelsalat.

Cäsarsalat mit Eier und Käse

4 Portionen

Dieser Salat mit Eigelb und Parmesankäse eignet sich gut zum Kombinieren mit Gemüse. Wegen des hohen Eiweißanteils im Dressing sollte er nicht mit Stärke kombiniert werden.

1 Kopf Blattsalat (Butterkopf-, römischer oder roter Kopfsalat)
1 Bund Spinat
1 Knoblauchzehe
1/3 Tasse naturbelassenes Olivenöl
frisch gepreßter Zitronensaft (1 kleine Zitrone)
1 Eigelb
1 Teelöffel Senf
1/2 Tasse frisch geriebener Parmesankäse (nach Wunsch)
1/2 Teelöffel Kräutergewürz (nach Wunsch)

Den Kopfsalat und den Spinat waschen und trocknen, in mundgerechte Stücke teilen und beiseite stellen. Die Knoblauchzehe in einer großen hölzernen Schüssel mit einer Gabel zerdrücken. Das Olivenöl zufügen, gut umrühren und die Knoblauchstückchen entfernen. Den Zitronensaft zugeben und mit der Gabel cremig schlagen. Unter Schlagen das Eigelb und den Senf zufügen. Dann 1/4 Tasse Parmesankäse hineinrühren. Das Grünzeug gut untermischen. Kräutergewürz und restlichen Parmesankäse zufügen und noch einmal gut mischen.

Kartoffeln

In einem kalten Klima können Kartoffeln während der Wintermonate wichtig sein. Da gibt es kalte Tage, die Sie nach schwererer Kost verlangen lassen, und da sind Kartoffeln gerade richtig. Kartoffeln selbst sind jedoch gar nicht übermäßig schwer. Dieser Ruf entstand durch die falschen Kombinationen. Sie werden traditionsgemäß mit Fleisch, Huhn oder Fisch kombiniert und werden dann für das Völlegefühl verantwortlich gemacht. Denn das Verdauungssystem wird durch die Eiweiß-Kohlenhydrat-Kombination, die nicht miteinander verträglich ist, überlastet. Als Regel gilt, Kartoffeln niemals mit Eiweiß gleich welcher Art kombinieren. Man muß sie als Hauptgericht bei jeder Mahlzeit betrachten und darf sie nur mit Gemüse oder Salat als Beilage essen, die eine rasche Verdauung der Kartoffeln gewährleisten. Auf diese Weise gegessen, werden Sie die köstliche Kartoffel – gebacken, gekocht, geröstet oder als Bratkartoffeln – in all ihrer Vielfalt als eine Ihrer besten Freundinnen zu schätzen wissen.

Gebackene Kartoffeln **

(auch Süß-Kartoffeln oder Jamswurzeln) 4 Portionen

4 große Kartoffeln
1/4 Tasse Butter
Sauerrahm (nach Wunsch, wird aber nicht empfohlen)

Heizen Sie das Backrohr vor. Die Kartoffeln werden gewaschen, getrocknet und in eine flache Backform gegeben. Man backt sie 1–1 1/2 Stunden, oder bis sie ganz weich sind. Wenn Sie die Kartoffeln auf Spieße stecken, die die

Hitze leiten (erhältlich in den meisten Haushaltsgeschäften) halbiert sich die Backzeit. 15 Minuten abkühlen lassen. Am oberen Ende aufschneiden und in jede Kartoffel 1 Eßlöffel frische Butter hineindrücken. Beachten Sie, daß die Verdauung dieser gebutterten Kartoffeln durch den gleichzeitigen Verzehr einer großen Portion Salat beschleunigt wird.

Neue Kartoffeln mit Petersilie ** 3–4 Portionen

2 knappe Pfund neue Kartoffeln
1/4 Tasse frische Butter
2 Eßlöffel fein gehackte frische Petersilie
Kräutergewürz nach Geschmack

Dämpfen oder kochen Sie die Kartoffeln in der Schale gerade weich. (Garprobe mit scharfem Messer). Gedämpfte Kartoffeln schmecken aromatischer als in Wasser gekochte. Kleine Kartoffeln brauchen ca. 20 Minuten. Leicht abkühlen lassen und abpellen. Schmelzen Sie die Butter in einer schweren Pfanne (oder Wok). Geben Sie die Kartoffeln in die Pfanne und schütteln Sie sie, daß sie gut mit Butter bedeckt werden. Dann die Petersilie und das Kräutergewürz dazugeben und weiterschütteln. Die Petersilie soll ihre grüne Farbe behalten. Diese Menge reicht für 3–4 Personen und läßt sich gut mit einem großen Salat (ohne Käse) und grünem gedämpftem Gemüse mit Zitronen-Buttersoße verbinden.

Anmerkung: *Dieses Gericht empfiehlt sich nicht für stillende Mütter, da Petersilie die Neigung hat, die Milch versiegen zu lassen.*

Bunter Kartoffelsalat **

2 Portionen

6 kleine neue Kartoffeln
2 Eßlöffel Butter
1/2 Teelöffel Kräutergewürz
1/4 Teelöffel süßer ungarischer Paprika
2 Tassen Brokkoliröschen (mit 5 cm vom Stiel)
4 Tassen Kopfsalat, gewaschen, getrocknet und in mundgerechte Stücke geteilt
2 Tassen Spinat, grob gehackt
1 Tasse Alfalfa-Keimlinge
1 Tasse Rotkohl, fein geschnitten oder geraffelt

Die ganzen, ungeschälten Kartoffeln in den Dämpftopf geben und zugedeckt 20 Minuten über kochendem Wasser garen, bis sie beinahe weich sind. Inzwischen Brokkoli, Blattgrün und Salatsoße vorbereiten. Die gekochten Kartoffeln in ca. 1 cm große Würfel schneiden (mit oder ohne Schale). In große Schüssel geben und beiseite stellen. Butter in kleiner Pfanne schmelzen und über die Kartoffeln gießen, gut mischen. Gewürze zugeben, mischen. Die Kartoffeln auf Backfolie ausbreiten und auf die oberste Schiene im Backrohr stellen. 5–10 Minuten backen. Inzwischen Brokkoli 5–7 Minuten dämpfen, bis er gar und hellgrün ist. Abkühlen.

Kopfsalat und Spinat in große Schüssel geben. Keimlinge trennen, damit sie keine Klumpen bilden und ebenfalls zufügen. Dann den Kohl dazugeben. Brokkoli der Länge nach in feine Scheiben schneiden, zum Grünzeug geben.

Marilyn's bester Kartoffelsalat ** 6 Portionen

1 Kilo neue Kartoffeln
1/2 Tasse fein gehackter Sellerie
1 Tasse Mayonnaise
1 Teelöffel Senf
1/4 Teelöffel Kräutergewürz
1 Prise Thymian

Geben Sie die Kartoffeln in einen Dämpfer oder mit ca. 5 cm Wasser in eine schwere Pfanne (Wok) und dämpfen Sie sie, bis sie weich sind. (Mit scharfem Messer anstechen). Die Kochzeit beträgt ungefähr 25–30 Minuten. Leicht abkühlen lassen und in Scheiben oder kleine Würfel schneiden. Sie müssen weder vor oder nach dem Dämpfen geschält werden. Die Schalen geben dem Salat mehr Festigkeit. Wenn Sie wollen, können Sie die Kartoffeln aber auch schälen. Dann den gehackten Sellerie zufügen. Mayonnaise und Senf vermischen und über die Kartoffeln gießen. Kräutergewürz und Thymian zufügen und alle Zutaten gut miteinander mischen. Übriggebliebener Kartoffelsalat kann gut bis zum nächsten Tag aufbewahrt werden.

Kartoffeln gehören zu den schwerverdaulichen Kohlenhydraten. Durch den in der Mayonnaise enthaltenen kleinen Eieranteil wird dieser Salat nur langsam verdaut. Um die Verdauung anzuregen (zu beschleunigen), sollten Sie ihn mit dem Salat nach dem Grundrezept kombinieren. Vermeiden Sie als Beilage alles, was schwer verdaulich ist. Nur der Kartoffelsalat selbst sollte das schwerverdauliche Gericht bei dieser Mahlzeit sein.

Kartoffelsalat mit grünen Bohnen ** 6 Portionen

Dieser Salat ist eine leichtere Variante des Kartoffelsalats, vor allem, wenn Sie viel Bohnen verwenden.

Kartoffelsalat nach dem vorigen Rezept
1 Pfund grüne Bohnen

Dämpfen Sie die Kartoffeln und schneiden Sie die Bohnen in ca. 2–3 cm lange Stücke und kochen Sie sie, während die Kartoffeln abkühlen ungefähr 15 bis 20 Minuten oder bis sie weich sind. Kurz mit kaltem Wasser überbrausen, damit sie grün und knackig bleiben. Mischen Sie die Kartoffeln mit den Bohnen und gehen Sie wie in dem vorigen Rezept weiter vor. Sie können diesen Salat warm oder gut gekühlt servieren. Er läßt sich gut mit dem Salat nach dem Grundrezept kombinieren.

Kartoffelsalat mit Erbsen **

Wie Kartoffelsalat mit Bohnen. Nehmen Sie aber statt der Bohnen 2 Tassen frische Erbsen.

Röstis *

3–4 Portionen

2 knappe Pfund Kartoffeln
2 Eßlöffel naturbelassenes Oliven- oder Distelöl
1/2 bis 1 Teelöffel Kräutergewürz

Die Kartoffeln werden gewaschen und getrocknet. Schälen ist nicht erforderlich. Erhitzen Sie das Öl in einer großen schweren Pfanne (oder Wok). Die Kartoffeln werden grob gerieben und ins Öl gegeben. Unter häufigem Rühren schmoren und dabei mit dem scharfen Ende eines Spachtels zerstechen, bis sich eine Kruste zu bilden beginnt. Drücken Sie die Kartoffeln in die Pfanne, bestreuen Sie sie mit Kräutergewürz und braten Sie sie, bis sie auf einer Seite kroß gebacken sind und sich eine Kruste gebildet hat. Vorsichtig wenden, wieder zusammendrücken und noch einmal mit Kräutergewürz bestreuen. Lassen Sie sie braun und kroß werden bis zu dem von Ihnen gewünschten Stadium.

Sie können zusammen mit einem Salat serviert werden oder direkt in den Salat gemischt werden.

Sommer »Succotash« **

4 Portionen

Knapp 1 1/2 Pfund neue Kartoffeln
3 große frische Maiskolben
1/4 Tasse frische Butter
4 Karotten
2 Tassen frisch gepahlte Erbsen
1 Tasse kochendes Wasser
1 Gemüsebrühwürfel
1 Strunk Brokkoli
1/2 Teelöffel Kräutergewürz
1/2 Teelöffel Thymian

Dämpfen oder kochen Sie die Kartoffeln in der Schale, bis sie weich sind. Abkühlen lassen, schälen und in Würfel schneiden. Stellen Sie die Kartoffeln beiseite, während Sie das andere Gemüse vorbereiten. Schneiden Sie die Maiskörner vom Kolben und stellen Sie sie beiseite. Schmelzen Sie die Butter in einer großen schweren Pfanne (oder Wok). Schneiden Sie die Karotten in kleine Würfel und geben Sie sie in die Butter. Dann die frischen Erbsen und das kochende Wasser, in dem Sie den Brühwürfel aufgelöst haben, zufügen. Zum Kochen bringen und 10 Minuten zugedeckt köcheln lassen. Teilen Sie den Brokkoli in kleine Röschen und heben Sie die Stiele für Brokkolicremesuppe auf. Jetzt den Brokkoli, die gewürfelten Kartoffeln und den frischen Mais zu dem anderen Gemüse in die Pfanne geben. Mit Kräutergewürz und Thymian würzen. Erneut zum Kochen bringen und zugedeckt bei niedriger Mittelhitze köcheln lassen, bis alles weich ist. Dies dürfte ca. 10 Minuten in Anspruch nehmen. Servieren Sie das Gericht in großen Holzschüsseln und reichen Sie zusätzlich Butter. Dazu paßt gut ein Salat nach dem Grundrezept.

Kroß geröstete Kartoffeln ** 2–3 Portionen

5 neue Kartoffeln
Prise Gewürz nach Ihrer Wahl
1–2 Eßlöffel zerlassene Butter

Eine köstliche Alternative zu Pommes frites. Wenn Sie gerne Kartoffeln essen, werden Sie begeistert sein. Ein wahrhaft delikater Schmaus, bei dem die Kartoffeln nicht mit Öl getränkt werden. Allerdings dürfen Sie nicht zu viel davon essen. Stopfen Sie sich nicht voll. Es soll ein Genuß, aber keine Schlemmerei sein.

Kartoffeln im Dampftopf 20 Minuten über kochendem Wasser zugedeckt garen. Mit spitzem Messer Garprobe machen. Sie sollten nicht zu weich sein. Abkühlen lassen und in 1 cm dicke Scheiben schneiden. Auf ein Backblech legen und gleichmäßig mit Butter bestreichen. Mit Gewürz bestreuen und so nahe wie möglich an die Hitze des Backrohrs bringen. Ungefähr 10 Minuten oder bis sie kroß und goldfarben sind backen. Es ist nicht notwendig, sie umzudrehen.

Salat für Kartoffelfreunde ** 2–3 Portionen

Wie schon die Überschrift sagt, ist dies ein Salat für alle, die gern Kartoffeln essen, aber von Pommes frites wegkommen wollen. Durch die Beigabe rohen Gemüses werden Kartoffeln leichter verdaulich. Dieser Salat ist eine Mahlzeit für sich, oder man kombiniert ihn mit Erbsen-Karottensalat zu einer Salatfestmahlzeit.

2 Eßlöffel naturbelassenes Distelöl
5–6 rote oder weiße Kartoffeln (nach Wunsch geschält)
gerade soviel, um gewürfelt 2 Tassen zu füllen
1 Bund Brokkoli
1 Salat nach dem Grundrezept (Tomaten nach Wunsch)
1 Knoblauchzehe (nach Wunsch)
1 Prise Thymian, Majoran und ein Bouquet garni
2 Eßlöffel frisch gepreßter Zitronensaft
1/4 Tasse naturbelassenes Distel- oder Olivenöl
1 Eßlöffel Mayonnaise
Kräutergewürz nach Geschmack

Erhitzen Sie die 2 Eßlöffel Distelöl in einer großen Pfanne (oder Wok). Schneiden Sie die Kartoffeln in kleine Würfel und geben Sie sie in das heiße Öl. Stellen Sie die Hitze zurück und schmoren Sie die Kartoffeln unter häufigem Drehen, bis sie außen kroß und innen weich sind. Inzwischen werden die dicken Stiele des Brokkoli abgeschnitten, die Röschen voneinander getrennt und dann 7–10 Minuten, oder bis das Gemüse zart ist, in einem Gemüsedämpfer über kochendem Wasser gedämpft. Nicht zu weich kochen oder breiig werden lassen. Brokkoli und Kartoffeln zum Abkühlen beiseite stellen und den Salat zubereiten.

Bereiten sie den Salat nach dem Grundrezept zu. Wenn Sie Knoblauch verwenden wollen, schneiden Sie eine Zehe in zwei Hälften und reiben damit den Boden einer Holzschüssel aus. Teilen Sie den Kopfsalat in mundgerechte Stücke und geben Sie ihn in die Schüssel. Dann den grob gehackten Spinat dazugeben. Die Tomaten achteln. Die Gurke schälen und in kleine Stücke schneiden. Die Keimlinge am Rand der Schüssel anordnen. Tomaten und Gurke in die Mitte füllen. Dann die warmen Kartoffeln und den Brokkoli zufügen. Mit Kräutern und Kräutergewürz bestreuen. Zitronensaft, Öl und Mayonnaise mit einer Gabel cremig schlagen. Die Soße über den Salat gießen und gut durchmischen. Sofort servieren.

Kapitel 9

Übergangskost Teil II

Salatsoßen (Dressings)

Verwenden Sie bei der Zusammenstellung einer Salatsoße immer frischen Zitronensaft. Vermeiden Sie Essig, wann immer es möglich ist. Die im Essig enthaltene Essigsäure unterbindet die Vorverdauung der Nahrung durch den Speichel vollkommen. Außerdem verursacht Essig, da er ein Gärungsprodukt ist, auch in Ihrem Körper Gärung. (Der Körper kann vergorene Nahrung nicht auswerten.) Verwenden Sie naturbelassene Öle. Wenn Sie den Soßen Mayonnaisen oder Ketchup zusetzen wollen, sollten Sie zuckerfreie, honiggesüßte Produkte in Ihrem Naturkostladen kaufen.

Fit für´s Leben Hausdressing ** 1/2 Tasse

Dies ist eine unserer Lieblingssalatsoßen. Ich verwende sie zu den meisten Salaten, da sie sich vielen verschiedenen Aromen anpaßt. Besonders köstlich ist diese Soße zu einem zarten Kopfsalat, leicht, aber gründlich angemacht.

4 Eßlöffel Olivenöl
1 1/2 Eßlöffel Zitronensaft
1 mittlere Knoblauchzehe, zerdrückt
1–2 Teelöffel Creme fraiche
1 Eßlöffel Wasser
1/2 bis 1 Teelöffel Dijonsenf
Kräutergewürz (nach Geschmack)
Frisch gemahlener Pfeffer (nach Wunsch)

Geben Sie Öl und Zitronensaft in eine Salatschüssel. Fügen Sie Knoblauch, Creme fraiche, Wasser und die Gewürze nach Geschmack hinzu. Glatt und cremig schlagen.

Diamond´s Almonaise** 3/4 Tasse

Dieser unglaubliche Mayonnaiseersatz stellt wirklich eine neue Eßerfahrung dar. Hergestellt auf der Grundlage einer dicken Mandelcreme ist sie leichter und weniger ölig als die mit Eiern hergestellte Mayonnaise. Dies bestätigt sich, wenn Sie Ihren Mixer nach der Zubereitung der Almonaise reinigen. Es geht viel leichter als nach der Zubereitung der üblichen Mayonnaise.

Wie bei allen Mayonnaisen müssen einige Grundregeln beachtet werden. Erstens müssen die Zutaten Zimmertemperatur haben. Zweitens gilt es, die Maßangaben genau zu beachten. Und schließlich muß das Öl in einem dünnen, feinen Strahl sehr langsam zugegeben werden.

Die meisten Leute finden, daß der Geschmack und die Beschaffenheit der Almonaise irgendwie zwischen einer Mayonnaise und einer Käsesoße liegt. Sie wird Ihre Sandwiches und Ihre Salate verzaubern, sie kann als Dip für Gemüse und sogar in Nudelgerichten Verwendung finden. Sie werden mit dem Geschmack und der Verdaulichkeit zufrieden sein. Diese vielseitige Soße, egal wie sie eingesetzt wird, ist der Mühe wert. Wenn Sie während der Woche keine Zeit für die Zubereitung haben, können Sie sie am Sonntag für die ganze Woche im voraus zubereiten.

Um die Mandeln zu schälen, genügt es, sie eine Minute in einen Topf mit kochendem Wasser zu geben. Die Haut löst sich danach leicht ab. Ich gab sie *Harvey*, und er schälte sie während der Sportschau für mich. Auch Kinder helfen gerne bei dieser Arbeit, da das Nüsseschälen für sie so etwas wie ein Spiel ist. Die Mandeln können auch im voraus geschält werden und im Kühlschrank 1-2 Tage in Wasser aufbewahrt werden, man darf nur nicht vergessen, sie vor der Verwendung auf Zimmertemperatur zu erwärmen.

Aufgrund der Tatsache, daß alle Mayonnaisen im Hinblick auf die richtige Lebensmittelkombination einen Kompromiß darstellen, wenn man sie mit Stärke kombiniert, ist es vorteilhaft, diese leichtere, besser verdauliche Variante zur Verfügung zu haben. Machen Sie sich keine Gedanken, wenn die Almonaise mal nicht gelingt. Manchmal verhindert eine zu hohe Luftfeuchtigkeit die Emulsionsbildung.

1/2 Tasse geschälte Mandeln
1/2 Tasse gefiltertes oder destilliertes Wasser
1 kleine Scheibe Knoblauch (ungefähr 1/8 Teelöffel)
1/2 Teelöffel Meersalz (nach Wunsch)

1/2 Teelöffel Kräuter-Gewürz
2-3 Eßlöffel frischer Zitronensaft
1 Prise Cayennepfeffer (nach Wunsch)
frisch gemahlener Pfeffer nach Geschmack
2-3 Tassen Distelöl

Geben Sie die geschälten Mandeln und das Wasser in den Mixer und pürieren Sie bei hoher Geschwindigkeit, bis sich eine dicke Creme gebildet hat. Wenn sich der Mixer nicht mehr bewegt, geben Sie 1-2 Eßlöffel Wasser zu. Fügen Sie dann Knoblauch, Meersalz, Zitronensaft und Pfeffer zu. Kurz pürieren. Nehmen Sie dann den Mittelteil des Deckels heraus und träufeln Sie das Öl langsam in die Mandelcrememischung, während der Mixer mit hoher Geschwindigkeit weiterpüriert.

Das Messer wird sich während des Pürierens immer leichter bewegen. Nimmt die Mischung kein Öl mehr auf, sitzt das Öl in einer Art Blase oben auf der Almonaise. An diesem Punkt nehmen Sie den Deckel ab und schütten das Öl in einem dünnen Strahl in die Mischung, während Sie mit einem Löffel vorsichtig oberflächlich rühren, ohne das sich bewegende Messer zu berühren. Dadurch kommt mehr Öl in die Mischung und es bildet sich eine dickere Masse.

Die endgültige Beschaffenheit sollte zwischen der einer Mayonnaise und einer geschlagenen Käsecreme sein. Bewahren Sie die Almonaise in einem geschlossenen Glasbehälter im Kühlschrank auf. Sie hält sich mindestens eine Woche (wenn sie bis dahin nicht schon verbraucht ist).

Limonen-Dillsoße ** 3/4 Tasse

Limonen haben ein zarteres Aroma als Zitronen. Man sollte deshalb ein bißchen mehr davon verwenden. Eine erfrischende Soße, wenn frischer Dill verfügbar ist.

1/4 Tasse Olivenöl
2 Eßlöffel frischer Limonensaft
1 Eßlöffel frischer Dill, mit der Schere geschnitten oder fein gehackt
1 mittelgroße Knoblauchzehe, gepreßt
1/2 Teelöffel Dijonsenf
Kräutergewürz, frischer Pfeffer (nach Wunsch)

Geben Sie Öl und Limonensaft direkt in eine große Salatschüssel. Fügen Sie Dill, Knoblauch, Senf und die Gewürze nach Geschmack hinzu. Dick und cremig schlagen.

Cremiges Dressing aus Gurke und Dill ** 1 Tasse

2 Eßlöffel Zitronensaft
5 Eßlöffel Olivenöl
1 Stück geschälte Gurke, ca. 10 cm lang
1 Eßlöffel Mayonnaise (ohne Milchprodukte) oder Almonaise (siehe Seite 234)
1/8 bis 1/4 Teelöffel Senfpulver
2 Eßlöffel frischer Dill oder
2 Teelöffel getrockneter Dill
1 kleine Knoblauchzehe oder ein kleines Stück rote Zwiebel
Kräutergewürz (nach Geschmack)

Chinesische Salatsoße * 2/3 Tasse

1/4 Tasse Sojasoße oder etwas Tamari
2 Eßlöffel frisch gepreßter Zitronensaft oder
2 Eßlöffel brauner Reisessig (nach Wunsch) oder
 Zitronensaft
1/4 Tasse honiggesüßter Ketchup
1/2 Teelöffel Knoblauchsalz oder 1 frische
 Knoblauchzehe, zerdrückt
1/4 Tasse naturbelassenes Sesam- oder Distelöl

Mischen Sie alle Zutaten und verwenden Sie die Soße für chinesischen Gemüsesalat oder als Soße für das Gemüse. (Evtl. in Butter oder Öl schwenken).

Italienisches Salatdressing *** 2/3 Tasse

3 Eßlöffel frisch gepreßter Zitronensaft
1/2 Tasse naturbelassenes Olivenöl
1 Teelöffel getrockneter Majoran
1 Prise Thymian
1/2 Teelöffel Kräutergewürz
1 zerdrückte Knoblauchzehe

Schütten Sie alle Zutaten in einen Mixbecher. Kühlen Sie die Mischung einige Stunden vor der Verwendung, so daß alles gut durchzieht und der Geschmack des Majoran durchgedrungen ist.

Anmerkung: Wenn Sie keinen Knoblauch wollen – er verführt zu schwererem Essen – schneiden Sie die Zehe einfach in Stücke, die Sie solange in der Soße ziehen lassen, bis Sie sie über den Salat gießen.

Cremiges Avocadodressing *** 1 Tasse

1 reife Avocado
1/4 Tasse Mayonnaise (nach Wunsch)
1 Eßlöffel frisch gepreßter Zitronensaft
1 Knoblauchzehe, gepreßt (nach Wunsch)
1/2 Eßlöffel Kräutergewürz
1 Tomate, fein gehackt

Lösen Sie das Fruchtfleisch der Avocado von der Schale in einer hölzernen Schüssel und zerdrücken Sie es mit einer Gabel. Geben Sie die Mayonnaise, den Zitronensaft und den Knoblauch dazu. Würzen und die Tomate unterheben. Soll das Dressing besonders glatt und cremig sein, empfiehlt es sich, die Zutaten in einem Mixer zu mischen.

Avocadodressing mit frischen Kräutern ****

3/4 Tasse

1 mittelgroße Avocado
1/2 Tasse Wasser
2 Eßlöffel Oliven-, Distel- oder Traubenkernöl
1 Teelöffel frisches Bohnenkraut (Blätter)
2 mittelgroße frische Basilikumblätter
1 Eßlöffel frischer Zitronensaft

Geben Sie die Avocado und das Wasser in die Küchenmaschine und pürieren Sie, bis eine cremige Masse entsteht. Schalten Sie den Motor aus und schieben Sie alle Avocadostückchen mit einem Spachtel hinunter. Fügen Sie Öl, Kräuter und Zitronensaft hinzu (anstelle der frischen Kräuter können getrocknete verwendet werden, und zwar von jeder Sorte 1/4 Teelöffel). Pürieren Sie weiter, bis sich alle Zutaten miteinander verbunden haben und eine weiche Creme mit grünen Kräutersprinkeln entstanden ist. Servieren Sie dieses Dressing zu kalten, knackigen grünen Salaten wie Kopfsalat, roter Blattsalat und Feldsalat. Dieses leichte und wohlschmeckende Dressing kann auch als Dip verwendet werden. Reicht für einen großen Salat.

Cäsar-Dressing *

3/4 Tasse

1 Zehe Knoblauch
1/3–1/2 Tasse naturbelassenes Oliven-, Distel- oder Sonnenblumenöl
2–3 Eßlöffel frisch gepreßter Zitronensaft
1 Eigelb
1 Teelöffel Senf
1/2 Teelöffel Kräutergewürz
frisch gemahlener Pfeffer nach Geschmack (nach Wunsch)
1/2 Tasse frisch geriebener Parmesankäse

Zerdrücken Sie die Knoblauchzehe in der Schüssel, in der Sie den Salat servieren wollen. Fügen Sie das Öl zu, rühren gut um und entfernen dann die Knoblauchstückchen. Nach Zugabe des Zitronensaftes die Mischung mit einer Gabel cremig schlagen. Dann Eigelb, Senf, Kräutergewürz und Pfeffer zufügen. Gut mischen und 1/4 Tasse Käse unterheben. Den restlichen Käse über das Salatgrün streuen, ehe Sie den Salat unter die Soße heben.

Tamari-Salatdressing *

2/3 Tasse

1 Knoblauchzehe
1/4 Tasse naturbelassenes Distelöl
2 Eßlöffel frisch gepreßter Zitronensaft
1 Eßlöffel Tamari
1/4 Tasse Mayonnaise

Den Knoblauch halbieren und mit den Hälften die Salatschüssel ausreiben. Die restlichen Zutaten gründlich zusammenmischen.

Senfdressing *

1 Tasse

Wenn Ihnen nach einer cremigen Salatsoße zumute ist, finden Sie hier eine gute Alternative zu einer Soße ohne Mayonnaise oder Käse.

2 Eßlöffel frisch gepreßter Zitronensaft
1/4 Tasse naturbelassenes Oliven- oder Distelöl
1/2 Teelöffel Thymian
1/4 Teelöffel Majoran
1 Eßlöffel Senf
1/2 Tasse Sauerrahm

Zitronensaft und Oliven- bzw. Distelöl mischen und kräftig schlagen. Über den Salat gießen. Dann die Kräuter darüberstreuen und gut mischen. Sauerrahm und Senf gut mischen. Über den Salat gießen. Wieder gut mischen, damit die verschiedenen Aromen sich gut miteinander verbinden. Die Menge reicht für eine große Schüssel Salat.

Kräuterdressing *** 3/4 Tasse

2 Eßlöffel frisch gepreßter Zitronensaft
1/2 Tasse naturbelassenes Oliven- oder Distelöl
1 Knoblauchzehe
1/2 Gemüsebrühwürfel
1/2 Teelöffel Thymian
1/2 Teelöffel Majoran
1/2 Teelöffel Basilikum
1/2 Teelöffel Kräutergewürz

Geben Sie den Zitronensaft und das Öl in einen Mixbecher. Je nachdem, wieviel Knoblauch Sie nehmen wollen, schneiden Sie die Zehe in zwei Hälften oder zerdrücken Sie sie mit einer Gabel und fügen sie der Öl-Zitronenmischung zu. Dann die angegebenen Mengen der Kräuter und das Kräutergewürz dazugeben. Den Mixbecher verschließen und die Soße solange schütteln, bis sie leicht dicklich zu werden beginnt und alle Zutaten sich gut miteinander verbunden haben. Die Knoblauchstücke herausnehmen.

French Dressing ** 1/2 Tasse

1 Knoblauchzehe
1/3 Tasse naturbelassenes Olivenöl
2 Eßlöffel frisch gepreßter Zitronensaft
1 Teelöffel Senf
1/4 Gemüsebrühwürfel
1 Prise Thymian
1/4 Teelöffel Kräutergewürz

Zerdrücken Sie die Knoblauchzehe mit einer Gabel in einer großen hölzernen Schüssel. Geben Sie das Olivenöl dazu, rühren Sie gut um und entfernen Sie die Knoblauchstückchen. Dann den Zitronensaft zufügen und die Mischung mit einer Gabel cremig schlagen. Jetzt den Senf, Gemüsebrühwürfel, Thymian und Kräutergewürz zugeben, gut durchmischen. Das Salatgrün auf die Soße häufen, unterheben und servieren.

Dressing »Tausend Inseln« * 1 Tasse

1/2 Tasse Mayonnaise
2 Eßlöffel honiggesüßter Ketchup
1 Teelöffel frisch gepreßter Zitronensaft
1/2 Tasse fein gehackte oder geriebene Gurke
oder 1 fein gehackte Essiggurke (Dillgurke)
1/4 Teelöffel Kräutergewürz
1/4 Teelöffel Kräutergewürz

Mischen Sie die Mayonnaise mit dem Ketchup. Fügen Sie Zitronensaft, die gehackte Gurke oder eine Essiggurke und das Kräutergewürz zu und mischen Sie gut durch.

Monsieur Ducellier´s Mayonnaise 1 1/2–2 Tassen

Während meiner Studienzeit verbrachte ich einen Sommer als Austauschstudentin in Avignon, Frankreich. Ich wohnte bei einer reizenden französischen Familie mit dem Namen Ducellier. Monsieur Ducellier´s Hobby war die feine französische Küche, und eines Nachmittags, als ich in seiner Küche saß, lernte ich eine hausgemachte Mayonnaise herzustellen. Dabei ist echte Liebe zum Kochen gefordert. Der Vorgang kann bis zu einer Stunde dauern. Eine Mayonnaise in Handarbeit herzustellen, ist wie eine Meditation, aber das Ergebnis lohnt die Mühe. Neben dem hervorragenden Geschmack hat diese Mayonnaise noch den Vorzug, keine Süßungsmittel zu enthalten, und auch das Salz kann man weglassen.

Zum guten Gelingen der Mayonnaise ist es erforderlich, alle Zutaten zimmerwarm zur Hand zu haben und nur eine Glas- oder Keramikschüssel zu verwenden. Mit Metall funktioniert es nicht.

2 Eigelb
1 Teelöffel Senf
2 Eßlöffel frisch gepreßter Zitronensaft
1/2 Teelöffel Meersalz
1–2 Tasen naturbelassenes Distelöl

Zuerst werden in einer kleinen Schüssel die Eigelbe, Senf, Zitronensaft und Salz gemischt. Stellen Sie die Schüssel auf ein Tuch, damit sie bei der Arbeit nicht verrutscht. Unter ständigem Rühren mit einem Teelöffel wird nun das Öl – Tropfen für Tropfen – in die Schüssel gegeben. Rühren Sie aus dem Handgelenk in gleichmäßigem Rhythmus. Tropfen Sie solange Öl in die Schüssel, bis die Mayonnaise dick wird, was meist erst nach der Zugabe von mindestens einer Tasse Öl der Fall ist.

Es entsteht ein plötzlicher Wechsel in der Konsistenz. Die Mayonnaise wird dicker und leichter. Der Vorgang ist abgeschlossen, wenn die Farbe zartgelb geworden ist und ein Löffel beinahe von selbst in der Mayonnaise stehen bleibt. Dazu muß man fast eine Stunde rühren und die Ölmenge wird beinahe aufgebraucht.

Nun die Schüssel gut verschließen und bis zum Verbrauch in den Kühlschrank stellen.

Hausgemachte Mayonnaise ist etwas Besonderes. Sie eignet sich hervorragend zu Brokkoli oder Rosenkohl. Sie ist besonders gut geeignet anstelle von Fertigmayonnaise zum Erbsen- und Karottensalat oder zum Salat »Niçoise«. Eine köstliche Zugabe zu Salatsoßen oder zu einem Tomaten-Sandwich.

Mayonnaise aus dem Mixer

Mit diesem Rezept erhalten Sie ein Produkt, das fast so gut ist wie die hausgemachte Mayonnaise, aber wesentlich weniger Zeit zur Herstellung benötigt. Achten Sie darauf, die Zutaten nicht zu kräftig zu mischen. Durch zu kräftiges Mischen kann es passieren, daß die Mayonnaise gerinnt. Alle Zutaten müssen zimmerwarm sein.

2 Eigelb
1/2 Teelöffel Senf
2 Eßlöffel frisch gepreßter Zitronensaft
1/4 Teelöffel Meersalz
1 Tasse naturbelassenes Distelöl

Geben Sie die Eigelbe, den Senf, 1 Eßlöffel Zitronensaft und 1/4 Tasse Distelöl in den Mixer. Mixen Sie, bis sich die Zutaten miteinander verbunden haben, was ca. zehn Sekunden beansprucht. Den Rest des Öls geben Sie in einem feinen, ununterbrochenen Strahl bei laufendem Gerät in den Mixer. Mixen Sie nur solange, bis die Mayonnaise dicklich wird, nicht länger. Dann geben Sie 2 Eßlöffel Zitronensaft dazu und mixen noch einmal für ein paar Sekunden. Kühl stellen.

Kapitel 10

Übergangskost Teil III

Suppen und Sandwiches

Frische, hausgemachte Suppen sind besonders in der kühleren Jahreszeit nützlich für die Umstellung. Trachten Sie danach, immer frische Zutaten zu verwenden. Nehmen Sie frische Butter, naturbelassene Öle, Gemüse der Jahreszeit, sowie Gemüsebouillons, die kein Salz und keine chemischen Zusatzstoffe enthalten. In Naturkostläden gibt es ausgezeichnete Gemüsebouillons. Vermeiden Sie auf alle Fälle Rinder- oder Hühnerbrühe, die stark säurebildend ist. In Verbindung mit einem Salat oder einem Sandwich bilden Gemüsesuppen eine gut sättigende Mahlzeit.

Ein Sandwich soll immer richtig zusammengestellt sein. Verwenden Sie für den Belag von Broten keine eiweißhaltigen Nahrungsmittel. Als Belag für Vollkornbrote oder für Brote, die ohne Mehl hergestellt worden sind, sollten Sie Zutaten aus Gemüse oder Gemüsefrüchten verwenden, die die Verdauungsarbeit erleichtern.

Suppen

Fruchtsuppe ***** 2 Portionen
(aus rohen Früchten)

5 Blutorangen
10 Lischies
2 Stangen Rhabarber
2 Pfirsiche oder Nektarinen
10 Erdbeeren oder andere Beeren
evtl. etwas Honig oder Ahornsirup zum Süßen
etwas gehackte Pistazienkerne
1 Bund Minze oder Zitronenmelisse

Drei Blutorangen in Saftpresse auspressen und evtl. mit einem Eßlöffel Honig oder Ahornsirup süßen. Die restlichen Früchte waschen und in mundgerechte Stücke schneiden.

Den Rhabarber in kleine Stücke schneiden - evtl. abziehen.

Nun alle Früchte in einen tiefen Teller legen und mit dem gepreßten Orangensaft übergießen. Tellerrand mit gehackten Pistazienkernen bestreuen und mit Minze oder Zitronenmelisse ausgarnieren.

Maissuppe **

2–3 Portionen

8 frische Maiskolben
1 Stange Sellerie
1 kleine Zwiebel
2 Eßlöffel naturbelassenes Distelöl
6 Tassen Wasser
1 Eßlöffel Maisstärke oder Pfeilwurzelmehl
1/4 Tasse kaltes Wasser
1/2 Teelöffel Kräutergewürz
1 Würfel Gemüsebrühe
1/4 Teelöffel gemahlener Koriander

Schneiden Sie die Maiskörner vom Kolben. (Achten Sie beim Einkauf auf gleichmäßig verteilte Körner und nehmen Sie keine Kolben, auf denen die Körner in ungleichmäßigen Abständen sind.) Sellerie und Zwiebel werden grob gehackt. Erhitzen Sie das Distelöl in einer mittelgroßen schweren Pfanne (Wok), geben Sellerie und Zwiebel hinein und schmoren Sie die Zutaten unter häufigem Umrühren weich.

Dann fügen Sie die Maiskörner zu, mischen gut, um sie mit Öl zu überziehen und schmoren sie kurz. Geben Sie das Wasser zu und lassen aufkochen. Während die Suppe zum Kochen kommt, lösen Sie die Maisstärke oder das Pfeilwurzelmehl in klarem Wasser und geben Sie das Dickungsmittel zusammen mit Salz, Brühwürfel und Koriander in die Suppe. Aufkochen lassen, ständig umrühren, die Hitze reduzieren und die Suppe 15–20 Minuten köcheln lassen. Leicht abkühlen, 4 Tassen der Suppe in einen Mixer geben und bei hoher Geschwindigkeit cremig pürieren. Durch ein mittelgroßes Sieb passieren, das Püree wieder in die Suppe gießen, abschmecken, wieder bis zum Siedepunkt erhitzen und servieren. Verwenden Sie die

Suppe als Hauptgericht in Verbindung mit einer großen Portion Salat.

Karottentopf ** 3–4 Portionen

2 Eßlöffel naturbelassenes Distelöl
1 kleine Zwiebel
1 Stange Sellerie
5 Tassen Karotten, in dünne Scheiben geschnitten
4 Tassen Wasser
1 Gemüsebrühwürfel
1/2 Teelöffel Basilikum
1 Eßlöffel frische Butter
Kräutergewürz (nach Geschmack)

Erhitzen Sie das Öl in einem mittelgroßen Suppentopf. Hacken Sie die Zwiebel, schneiden Sie die Selleriestange in Scheibchen und geben Sie sie in das Öl. Schmoren Sie die Zutaten einige Minuten unter ständigem Rühren, bis die Zwiebel weich zu werden beginnt. Dann die Karottenscheiben zufügen, gut umrühren, damit sie sich mit Öl überziehen. Das Wasser zufügen und die Suppe zum Kochen bringen. Gemüsebrühwürfel und Kräuter hineingeben. Auf niedrige Mittelhitze zurückschalten und zugedeckt 10 bis 15 Minuten köcheln lassen, bis die Karotten weich sind.

1 1/2 Tassen der Karottenscheiben abnehmen und beiseite stellen. Den Rest der Suppe durchseien, das Gemüse in einem Mixer pürieren, Flüssigkeit aufbewahren. Dann die Karotten, das Püree und die Brühe zusammenschütten, gut umrühren und langsam zum Kochen bringen. Die Butter zufügen und nach Geschmack würzen. Kleine Kinder lieben diese Suppe besonders.

Gemüsesuppe mit Nudeln **

6 Portionen

8 Tassen Wasser
1 mittelgroße Zwiebel, grob gehackt
4 Schalotten, in Scheiben geschnitten
1 Knoblauchzehe, fein gehackt (nach Wunsch)
1 große Stange Sellerie, in Scheiben geschnitten
3 mittelgroße Karotten, in 1/2 cm dicke Scheiben geschnitten
1 Tasse frische oder tiefgefrorene Erbsen
2 mittelgroße Zucchini, in 1/2 cm dicke Scheiben geschnitten
1/2 kl. Kohlkopf, in mundgerechte Stücke geteilt (3–4 Tassen)
1 Teelöffel Thymian
2 Teelöffel Majoran
1 Teelöffel Basilikum
2 Gemüsebrühwürfel oder 2 Eßlöffel weißes Miso
1/2 Teelöffel Meersalz (nach Wunsch)
1 Teelöffel Kräutergewürz (nach Wunsch), frisch gemahlener Pfeffer nach Geschmack
1 Tasse Nudeln (z.B. Vollkornspaghetti), in ca. 6 cm lange Stücke geteilt

Das Wasser in einem großen Suppentopf zum Kochen bringen. Zwiebel, Schalotten, Knoblauch, Sellerie, Karotten, Erbsen, Zucchini und Kohl hineingeben. Erneut zum Kochen bringen und Thymian, Majoran, Basilikum, Bouillon oder Miso, Meersalz, Kräutergewürz und Pfeffer dazugeben. Zugedeckt bei niedriger Mittelhitze 15 Minuten köcheln lassen oder solange, bis das Gemüse weich ist.

Während die Suppe kocht ca. 1 1/4 Liter Wasser in einem anderen Topf zum Kochen bringen. 1/2 Teelöffel Meersalz und die Nudeln hineingeben. Entsprechend den Anweisungen auf der Packung kochen oder solange, bis die Nudeln bißfest und nicht zu weich sind. Gut abtropfen lassen. In die Suppe rühren. Kurz unter Rühren köcheln lassen. Abschmecken.

Grüne Suppe mit frischen Kräutern** 4-5 Portionen

1 mittelgroße Zwiebel, grob gehackt
1 Bündel grüne Zwiebeln, grob gehackt
3 Staudensellerie, grob gehackt
1 große Karotte, grob gehackt
2 Eßlöffel Butter
1 Packung tiefgefrorene grüne Bohnen (ca. 250 g) oder 2 Tassen frische grüne Bohnen in 2 1/2 cm lange Stücke geschnitten
2 Packungen tiefgefrorene Limabohnen
3 Eßlöffel Gemüsebrühe
1/2 Teelöffel Thymian
1/4 Teelöffel Salbei
13 Tassen Wasser

1 Packung tiefgefrorener Spinat oder 1/2 Bündel frischer Spinat, grob gehackt
2 mittelgroße Zucchini, in 1/2 cm dicke Scheiben geschnitten
1 kleiner Kopf Chinakohl oder Blumenkohl
1 Eßlöffel vegetabiles Gewürz oder einen Gemüsebrühwürfel
2 Eßlöffel frisches Basilikum, grob gehackt
2 Eßlöffel frisches Bohnenkraut, grob gehackt

Eine leicht und schnell zubereitende Suppe, die sehr gut gelingt, wenn das Wasser allmählich zugegeben wird und während der Zubereitungszeit fleißig umgerührt wird. Hacken Sie die Zwiebel (grüne Zwiebeln), Sellerie und Karotten grob mit der Küchenmaschine. Schmelzen Sie die Butter in einem großen Suppentopf und fügen Sie das gehackte Gemüse hin. Unter ständigem Rühren 2–3 Minuten dünsten oder bis das Gemüse eine kräftige Farbe angenommen hat. Dann die gefrorenen grünen Bohnen zugeben. Durch Rühren mischen. Jetzt Gemüsebrühe, Thymian, Salbei und 6 Tassen Wasser zufügen. Zum Kochen bringen und gefrorenen Spinat, in Würfel geschnitten, oder frischen Spinat und Zucchini einrühren. Mehrere Minuten unter Rühren kochen lassen. Dann Chinakohl und restliches Wasser zugeben. Wieder zum Kochen bringen. Dann vegetabiles Gewürz oder Bouillonwürfel zufügen. Frisches Basilikum und Bohnenkraut zugeben, ohne Deckel 5 Minuten köcheln lassen. Der ganze Kochvorgang sollte 25 Minuten nicht überschreiten. Die große Menge läßt sich gut aufbewahren und kann auch eingefroren werden. Servieren Sie die Suppe mit etwas Kräutergewürz, wenn gewünscht.

Leichte »Minestrone«**

2 Portionen

1/2 Wasser oder Gemüsebrühwürfel
2 mittelgroße Karotten
1 Stange Staudensellerie
2 rote Zwiebeln oder Sachlotten (gehackt)
1 Knoblauchzehe (gehackt) - wenn gewünscht
1 Tasse Erbsen
1 Stange Frühlingslauch
4 neue Kartoffeln
3 - 4 Blumenkohlröschen
2 Fleischtomaten
50 g Vollkorn- oder Gemüsespaghetti
1/2 Tasse gehacktes Basilikum
1/2 Tasse gehackten Kerbel
1/2 Teelöffel getrockneter Majoran

In einem großen Suppentopf Knoblauch und Zwiebeln goldgelb anschwitzen, dann restliches kleingeschnittenes Gemüse zufügen und etwa 2 Minuten mit anschwitzen lassen und mit Wasser und Brühwürfel oder Gemüsebrühe auffüllen, Vollkorn-Spaghetti (klein zerbrochen) beifügen und 15 Minuten leicht köcheln lassen. Zum Schluß mit gehackten Kräutern abschmecken.

Blumenkohl-Cremesuppe (ohne Sahne) *

3–4 Portionen

3 Eßlöffel naturbelassenes Distelöl
1 Knoblauchzehe (nach Wunsch)
1 Zwiebel
2 Stangen Sellerie
2 Köpfe Blumenkohl
6 Tassen Wasser
2 Gemüsebrühwürfel
1/2 Teelöffel Kräutergewürz
1/4 Teelöffel Thymian
1 Eßlöffel Butter

Erhitzen Sie das Öl bei niedriger Mittelhitze in einem großen schweren Suppentopf. Den gehackten Knoblauch ins Öl geben. Zwiebel und Sellerie ebenfalls hacken, ins Öl geben, umrühren und leicht bei niedriger Hitze schmoren, so daß das Gemüse zwar weich, aber nicht braun wird. Entfernen Sie die dicken Blumenkohlstengel und zerkleinern Sie den Rest, dabei die Röschenform erhalten. Fügen Sie den Blumenkohl dem anderen Gemüse bei und rühren Sie gut um, damit alles gründlich mit Öl überzogen wird. Das Wasser zugeben und die Suppe zum Kochen bringen. Den Gemüsebrühwürfel und Gewürze zufügen. Rühren, bis sich der Würfel aufgelöst hat, dann den Herd auf mittlere Temperatur zurückschalten und die Suppe – zugedeckt – 20 Minuten köcheln lassen. Leicht abkühlen lassen, 2 Tassen Blumenkohlröschen herausnehmen. Das restliche Gemüse und einen Teil der Brühe in den Mixer geben. Auf höchster Stufe cremig pürieren. Das Püree zur restlichen Brühe in den Topf geben. Die beiseite gestellten Röschen dazugeben und gut mischen. Die Suppe kurz zum Kochen bringen. Die Butter zugeben und solange umrühren, bis sie geschmolzen ist.

Brokkolicreme (ohne Sahne) **

3–4 Portionen

Mit denselben Zutaten wie im nebenstehenden Rezept, aber mit zwei Köpfen Blumenkohl anstelle des Brokkolis.

Rosenkohl à la Ritz ** 2–3 Portionen

12 mittelgroße Röschen
1 Eßlöffel Olivenöl
1 Eßlöffel Zitronensaft
1 Teelöffel Worcesteshiresoße

1. Stiele und äußere Blätter entfernen. 15 Minuten oder so lange bis die Röschen weich sind (Messerprobe), dämpfen. Aus dem Dämpftopf nehmen und beiseite stellen.

2. Olivenöl in einem mittelgroßen Topf oder Pfanne erhitzen. Zuerst die Röschen in Öl wenden, dann Zitronensaft und Worcestershiresoße zugeben und das Gemüse noch einmal wenden.

Frische Erbsensuppe **

4 Portionen

4 Tassen frische Erbsen (ca. 4 Pfund in der Schale) oder ca. 1 Pfund gefrorene Erbsen
1 römischer Salat oder ein Butterkopfsalat
3 Eßlöffel naturbelassenes Distelöl
1 Knoblauchzehe (nach Wunsch)
1 Zwiebel
2 Stangen Sellerie
6 Tassen Wasser
2 Gemüsebrühwürfel
1/2 Teelöffel Kräutergewürz (nach Geschmack)
1/2 Teelöffel Basilikum
1 Eßlöffel Butter (nach Wunsch)

Die Erbsen werden ausgepahlt, der Salat grob gehackt. Das Öl wird in einem großen Suppentopf bei niedriger Mittelhitze erwärmt. Den gehackten Knoblauch dazugeben und leicht schmoren. Dann die Zwiebel und den Sellerie hacken und in den Topf geben. Unter häufigem Rühren schmoren, bis das Gemüse weich ist. Erbsen und Salat dazugeben, gut mischen, damit alles mit Öl überzogen ist. Das Wasser zufügen und die Suppe zum Kochen bringen. Die Gewürze dazugeben, gut umrühren und die Hitze auf einen niedrigen Mittelwert reduzieren. Zugedeckt 15-20 Minuten köcheln lassen oder bis die Erbsen weich sind.

Der Suppe eine Tasse Erbsen entnehmen, den Rest leicht abkühlen lassen. Das übrige Gemüse mit etwas Brühe in einem Mixer bei hoher Geschwindigkeit pürieren. Das Püree in die Suppe geben, die entnommenen Erbsen dazu geben und das Ganze noch einmal leicht kochen. Die Butter zufügen und solange umrühren, bis sie geschmolzen ist.

Erbsensuppe mit Karotten und Kohl ** 8 Portionen

2 Tassen grüne Erbsen
1 Tasse Karotten, grob gehackt
1 1/2 Tassen Zwiebeln, fein gehackt
2 Tassen Kohl, fein geraffelt
10 Tassen Wasser
2 Eßlöffel Butter
1 Eßlöffel Distelöl
4 Eßlöffel frische Petersilie, fein gehackt
1 Teelöffel getrocknetes Basilikum
1 Teelöffel getrockneter Thymian
1 Teelöffel getrockneter Majoran
1 Teelöffel getrockneter wilder Majoran
1/2 Teelöffel getrocknetes Bohnenkraut
1/4 Teelöffel Kräutergewürz
1/2 Teelöffel Meersalz (auf Wunsch)
1/8 Teelöffel getrockneter Salbei
1/8 Teelöffel getrockneter Estragon
1/4 Teelöffel Selleriesamen
1/4 Teelöffel gemahlener Koriander
1 Gemüsebrühwürfel
frisch gemahlener Pfeffer nach Geschmack

Butter und Öl zusammen in großem Suppentopf erhitzen. Karotten, Sellerie, Zwiebel, Knoblauch und Kohl zufügen und einige Minuten unter häufigem Umrühren schmoren. Wasser, Erbsen, Gewürze und Brühwürfel zugeben. Zum Kochen bringen. Zugedeckt bei Mittelhitze 1 1/2 Stunden unter häufigem Umrühren köcheln.

Zuletzt Petersilie zugeben und abschmecken. Diese Suppe kann gut eingefroren werden.

Gregs Lieblings-Linsensuppe ** 4 Portionen

2 Eßlöffel naturbelassenes Distelöl
2 Knoblauchzehen
1 Zwiebel
2 große Karotten
2 Stangen Sellerie
1 1/2 Tassen Linsen
7 1/2 Tassen Wasser
1 Gemüsebrühwürfel, 1 Prise Thymian, 1 Prise Paprika
1/2 Tasse honiggesüßter Ketchup (nach Wunsch)
Kräutergewürz (nach Geschmack)

Erhitzen Sie das Öl in einem großen Suppentopf. Knoblauch hacken, Zwiebel in Scheiben schneiden und unter häufigem Umrühren im Öl schmoren, bis sie weich zu werden beginnen. Karotten und Sellerie grob hacken, ins Öl geben, gut wenden, damit sie mit Öl bedeckt sind. Die Linsen zufügen und umrühren. Das Wasser hineinschütten. Die Suppe zum Kochen bringen und dann den Gemüsebrühwürfel, Thymian und Paprika zufügen. Auf niedrige Mittelhitze schalten und die Suppe zugedeckt 45 Minuten bis eine Stunde köcheln lassen. Die Linsen sollten sehr weich sein. Die Suppe leicht abkühlen lassen und – um eine cremigere Beschaffenheit zu erhalten – die Hälfte der Suppe in einem Mixer pürieren. Püree in den Topf füllen, Ketchup und Kräutergewürz zugeben. Erneut erhitzen und servieren.

Pilz-Gerstensuppe **

4 Portionen

2 Eßlöffel naturbelassenes Distelöl
1 Zwiebel
1 Karotte
1 Stange Sellerie
1/2 Pfund frische Pilze (ca. 225 g)
1 Tasse Gerste
8 Tassen Wasser oder (falls Sie eine dickere Suppe wünschen 6 Tassen)
2 Eßlöffel »Tamari«
1 Eßlöffel frische Butter
1 Eßlöffel frisch gepreßter Zitronensaft
1 Eßlöffel gehackte Petersilie
Kräutergewürz (nach Geschmack)

Erhitzen Sie das Öl in einem großen Suppentopf. Zwiebel, Karotte und Sellerie fein hacken und ins Öl geben. Unter Rühren solange schmoren (oder dünsten), bis die Zwiebel weich zu werden beginnt. Die Pilze kurz unter kaltem Wasser waschen. Die Hälfte der Pilze beiseite stellen, die andere Hälfte fein hacken und zum Gemüse geben, dabei gut umrühren, damit sie sich gut mit Öl überziehen können. Unter ständigem Rühren weiter schmoren. Gerste zugeben und gut untermischen. Wasser und »Tamari« zufügen. Zum Kochen bringen und zugedeckt bei niedriger Mittelhitze 1 Stunde und 15 Minuten köcheln lassen. Währenddessen die Butter in einer mittelgroßen Bratpfanne schmelzen lassen. Den Rest der Pilze in Scheiben schneiden und leicht in der Butter dünsten. Nicht zu weich werden lassen. Sie sind gar, wenn sie leicht zusammenfallen. Beträpfeln Sie die Pilze mit Zitronensaft und bestreuen Sie sie mit Petersilie und stellen Sie sie beiseite.

Avocado-»Gazpacho«****

3 Portionen

6 Stangen Sellerie
1 mittelgroße Gurke, geschält, oder eine halbe Schlangengurke, ungeschält
1 grüne Paprikaschote
1 große oder 2 kleine Avocados, geschält und entsteint

Verzierung:
1/2 Tasse Tomatenwürfel
1/2 Tasse rote Paprikawürfel
1/2 Tasse geschälte Gurkenwürfel
1/2 Tasse Selleriewürfel
1/2 Tasse Avocadowürfel

Sellerie, Gurken und Paprikaschoten in den Entsafter geben, den grünen Saft in den Mixer schütten, Avocado zufügen und cremig pürieren. Kühlen. Vor dem Servieren die Avocadosuppe in den Schüsseln mit je 2 gehäuften Eßlöffeln des gehackten Gemüses und der Avocados garnieren.

Borscht (Rote-Bete-Suppe) ** 3–4 Portionen

1 kleine Zwiebel, gehackt
3 Tassen geschnitzelte rohe Rote Beten
1 Tasse geschnitzelte rohe Möhren
1 Tasse gewürfelter Sellerie
2 Kartoffeln, gewürfelt, mit Schale
2 Zehen Knoblauch, klein gehackt
2 Tassen geschnitzelter Grünkohl (oder anderer Kohl)
3 frische Tomaten oder eine Tasse eingemachte
ungesalzene Tomaten
1 Teelöffel Zitronensaft oder Apfelessig
1/2 Teelöffel Seetang als Gewürz
2 Eßlöffel kaltgeschlagenes Pflanzenöl
(z. B. Sojaöl, Oliven- oder Sonnenblumenöl)
1/2 Tasse saure Sahne (als Krönung)

Die gehackte Zwiebel etwa 3 Minuten in Öl gelb andünsten, 11/2 Liter dampfdestilliertes Wasser und das Gemüse hinzugeben; etwa 15–20 Minuten leicht kochen lassen, bis das Gemüse weich ist. Würzen mit Orangensaft oder Apfelobstessig. Als Krönung mit saurer Sahne garniert servieren!

Sandwiches oder belegte Brote

Eine der besten Ergänzungen für eine Suppenmahlzeit sind Sandwiches. Allerdings stellen die in der Regel verzehrten belegten Brote ein Problem dar bezüglich der richtigen Lebensmittelkombination. Ein Sandwich ist ein Stärkeprodukt, das sich schlecht mit traditionellen Brotbelägen wie Fleisch, Käse, Geflügel, Fisch oder Nußbutter verträgt. Immer, wenn bei einer Mahlzeit Eiweiß und Stärke (Kohlenhydrate) zusammen verzehrt werden, verlangsamt sich der Verdauungsprozeß radikal und es kommt zu Gärung und Fäulnis im Körper. Die Stärke gärt und das Eiweiß fault. Wenn Sie bei guter Gesundheit bleiben wollen, müssen Sie diese Kombinationen vermeiden.

Wenn Sie also Sandwiches oder belegte Brote essen wollen, müssen Sie eine Kombination wählen, die die Verdauung nicht verzögert, und da sind als Belag Gemüsefrüchte oder Gemüse, wie z.B. Tomaten, frische Sprossen, Gurken, Kopfsalat oder geriebene Karotten angebracht. Avocados als Belag wird von manchen Menschen gut vertragen, von anderen aber überhaupt nicht, da Avocados ja konzentrierte Lebensmittel sind. Experimentieren Sie mit den verschiedenen Möglichkeiten, damit Sie herausfinden, was Sie am besten vertragen. Denken Sie daran, soviel wie möglich wasserhaltige Lebensmittel bei der Zubereitung Ihrer Mahlzeiten zu verwenden. Brot sollte nur mit hoch wasserhaltigen Belägen kombiniert werden.

Anstelle eines Sandwiches (2 Scheiben Brot mit Gemüseschicht dazwischen) können Sie natürlich auch einfach belegte Brote machen. Hier sollten sie das Brot aber nach Möglichkeit toasten.

Tomaten - Gurken - Avocado Brot

Tomaten-Sandwich **

2 Scheiben Vollkornbrot
1 große, reife Tomate
1/2 Avocado oder Mayonnaise oder frische Butter
Alfalfasprossen
Kopfsalat (nach Wunsch)

Das Geheimnis dieses köstlichen Sandwiches sind gute, dicke Tomatenscheiben. Sie können die ganze Tomate für einen Sandwich nehmen. Als Aufstrich können Sie Avocadomus, Mayonnaise oder Butter verwenden. Oder nehmen Sie die Tomate allein, da sie so saftig ist.

Das Brot sollte zuerst leicht getoastet werden. Sie sollten sowieso jede Art von Brot vor dem Verzehr toasten, damit es weniger schleimbildend wirkt. Bestreichen Sie das Brot mit dem Aufstrich Ihrer Wahl und belegen Sie es dick mit Tomatenscheiben. Wenn gewünscht, können Sie noch Alfalfasprossen und Salatblätter dazutun.

Gurken-Sandwich **

2 Scheiben Vollkornbrot
Mayonnaise oder frische Butter
1 Gurke
Kräutergewürz (nach Geschmack)
Alfalfasprossen
Kopfsalat (nach Wunsch)

Das Brot zuerst leicht toasten. Verwenden Sie Mayonnaise oder Butter als Aufstrich. Schneiden Sie die Gurke in dünne Scheiben. Streuen Sie Kräutergewürz darüber und belegen Sie das Brot noch mit Sprossen und Salatblättern, wenn Sie wollen. Gurken-Brote sind großartig und hinterlassen kein Völlegefühl, wie dies z.B. bei Fleisch- oder Käsebroten der Fall ist. Sie werden satt, fühlen sich aber nicht belastet.

Avocado-Sandwich **

2 Scheiben Vollkornbrot
Mayonnaise oder frische Butter
1/2 große, reife Avocado
Tomatenscheiben
Alfalfasprossen
Kopfsalat (nach Wunsch)
Kräutergewürz

Viele Leute mögen Avocado-Brote. Andere finden Sie schwer verdaulich. Für einige sind Avocados – obgleich man sie als Gemüsefrüchte bezeichnet – zu konzentriert und schwer. Machen Sie einen Versuch, um zu sehen, wie es Ihnen ergeht.

Zuerst das Brot leicht toasten. Verwenden Sie Mayonnaise oder Butter als Aufstrich, wenn Sie wünschen, oder zerdrücken Sie die Avocado mit einer Gabel und verwenden Sie sie als Aufstrich. Sie können die Avocado aber auch in Scheiben schneiden und das Brot damit belegen. Fügen Sie Tomatenscheiben, Alfalfasprossen und Kopfsalat hinzu, wenn Sie es möchten. Tomaten und Sprossen sind in diesem Fall der wesentliche Bestandteil, die Verdauung des Brotes zu unterstützen. Verwenden Sie nach Wunsch Kräutergewürz.

Pitabrot-Sandwiches **

Das heute (auch in Deutschland) populär gewordene Pitabrot eignet sich gut als Ersatz für normales Brot. Verwenden Sie Vollkornweizen-Pitabrot und – wenn Sie es wünschen – erwärmen Sie es kurz im Backofen. Getoastet können Sie es nicht füllen. Wenn das Brot leicht warm und weich geworden ist, schneidet man einen dünnen Rand an der oberen Seite ab und stopft die Füllung hinein.

Sie können jeden von Ihnen vorbereiteten Salat als Füllung verwenden, vorausgesetzt, er enthält weder Fleisch noch Käse. Sollten Sie diese Zutaten trotzdem verwenden, müssen Sie bedenken, daß Sie aus einer leichten und trotzdem sättigenden Mahlzeit eine sehr schwere machen.

Pita-Salat-Sandwich **

1977 bereiteten wir diese Sandwiches und verkauften Sie an der Hintertüre unseres kleinen Naturkostladens am Strand von Venicen in Kalifornien. Sie fanden reißenden Absatz.

Mehrere Kopfsalatblätter
mehrere Spinatblätter
1 Tomate
Sellerie
Gurken
1 Karotte
1/2 Avocado
1 Spritzer frischen Zitronensaft
Mayonnaise (nach Wunsch)
1 Eßlöffel naturbelassenes Oliven- oder Distelöl
2 Pitataschen, Kräutergewürz (nach Geschmack)

Salat- und Spinatblätter, Tomate, Sellerie und Gurke werden gehackt und in einer kleinen Schüssel vermischt. Die Karotte getrennt fein reiben. Die Avocado getrennt zerdrücken. Zitronensaft, Öl und Kräutergewürz dem Salat zugeben. Ebenfalls – wenn gewünscht – die Mayonnaise. Die Pitataschen leicht erwärmen, an der oberen Seite aufschneiden und eine Lage Avocado einfüllen. Dann etwas geriebene Karotte und etwas Salat. Dann wieder eine Lage Avocado, geriebene Karotte und Salat. Mit übriggebliebener Avocado abschließen.

Für die Füllung des Pitabrot-Sandwiches eignen sich alle Gemüsesorten (roh), z.B. Pilze, geriebener Rotkohl und fein geschnittener Blumenkohl, um nur einige zu nennen. Wenn Sie viele Gäste haben, ist eine große Schüssel mit Ihren bevorzugten Gemüse in Form von Salat und warmen Pitataschen eine wunderbare Mahlzeit.

Der tägliche Salat nach dem Grundrezept, der Schwerarbeitersalat, der Gesundheitssalat und der Avocado-Sprossensalat sind nur einige von vielen, die sich gut zum Füllen von Pitataschen eignen.

Kapitel 11

Übergangskost Teil IV

Körnergerichte

Unbehandelte ganze Körner können zu einem wesentlichen Bestandteil Ihrer Übergangskost werden, wenn Sie neben der leichten Kost, wie z.B. Salat und Gemüsegerichte, auch schwerere Mahlzeiten essen wollen. Es gibt viel Auswahl: Brauner Reis, Hirse, Basmatireis, Couscous, Gerste, Buchweizengrütze.

Brauner Reis ist vollwertig, reich an Nährstoffen, die für eine gute Gesundheit erforderlich sind. Im Gegensatz zu weißem Reis ist das Korn vollwertig. Es gibt drei Sorten. Brauner Langkornreis ist leicht und flockig. Das mittelgroße Korn ist feucht, das kurze Rundkorn hat einen nußartigen Geschmack und klebt leicht zusammen. Jede Sorte hat eine besondere Eigenschaft. Sie sollten alle ausprobieren.

Konventioneller Reisanbau erfordert meistens riesige Giftmengen. Konventionell angebauter Reis gehört mit zu den Lebensmitteln, die mit dem höchsten Einsatz von Chemikalien herangezogen werden. Achten Sie deshalb beim Einkauf von braunem Reis besonders sorgsam auf die Herkunft.

Bei der Zubereitung des braunen Reises rechnet man insgesamt eine Stunde. Er ist eine sättigende Beilage zu gedämpftem Gemüse oder einem Salat und ein gutes Nahrungsmittel für heranwachsende Kinder.

Basmatireis ist unter den natürlichen Lebensmitteln ein ziemlicher Neuling, ein ungeschälter weißer Reis aus Pakistan. Er ist leichter als brauner Reis und besitzt ein ausgeprägtes Aroma. Er ist in ungefähr 20 Minuten gar und schmeckt köstlich in Salaten oder als Beilage zu gedämpftem Gemüse.

Gerste sollten Sie in Naturkostläden einkaufen, denn bei der konventionellen Gerste sind alle wichtigen Nährstoffe durch das Schälen der äußeren Schichten verlorengegangen. Gerste soll braun und nicht weiß sein. Ihr Korn ist schwer und meiner Meinung nach am leichtesten als Suppengericht zu verdauen. Die Zubereitungszeit ist eine Stunde und 10 Minuten.

Couscous ist ein Weizengrieskorn aus Nordafrika. Von allen Körnern scheint es mir den Nudeln am ähnlichsten. Es gibt eine einfache Zubereitungsmethode, für die vom Anfang bis zum Ende nur 5 Minuten erforderlich sind.

Buchweizengrütze oder *Kasha* kann vorgeröstet gekauft werden und ist einfacher in der Zubereitung. Das ganze Kasha ist am nahrhaftesten. Es ist schnell – innerhalb von knapp 30 Minuten – gekocht und besitzt ein kräftiges Aroma, das besonders im Winter sehr angenehm ist. Der einzige Nachteil, den ich bei Kasha entdecke, ist – und ich finde es ist ein großer Nachteil – daß man zum Kochen ein Ei benötigt. Dadurch entsteht eine schlecht Kombination und es ist mir bis jetzt noch nicht gelungen, ein erfolgreiches Rezept zu finden, in dem man Kasha ohne Ei zubereiten könnte. Durch diese Eiweiß-Kohlenhydrat-Kombination wird Kasha schwerer verdaulich als andere Körnergerichte, und ich behelfe mich dadurch, daß ich eine kleine Menge Kasha zubereite und dafür durch eine große Portion frischen Gemüses einen Ausgleich schaffe.

Lassen Sie Ihrer Experimentierfreudigkeit bei Körnergerichten freien Lauf. Probieren Sie alle Sorten aus, vorausgesetzt sie sind vollwertig und nicht bearbeitet.

Wir beschränken uns hier auf einige Spezialitäten. Für Körnergerichte gibt es bereits viele Rezeptbücher (besonders in Deutschland) wie z.B. *Bustorf-Hirsch* »Die feine Vollwertküche«, *Helma Danner* »Die natürliche Vollwertkost ohne tierisches Eiweiß«, *Ilse Gutjahr* »Die vitalstoffreiche Vollwertkost«, *Kleine-Röhr* »Vollwert-Menüs«, *Barbara Rütting* »Mein neues Kochbuch«.

Brauner Reis *   2 Portionen

1 Tasse brauner Reis (Langkorn, mittel oder Rundkorn)
2 1/4 Tassen Wasser
1 Teelöffel Wasser
1 Eßlöffel naturbelassenes Distelöl

Geben Sie alle Zutaten in der angegebenen Reihenfolge in einen Topf mit festschließendem Deckel. Zum Kochen bringen und leicht mit einer Gabel umrühren. Zugedeckt bei niedriger Hitze 40 Minuten köcheln lassen. Während des Kochvorgangs den Deckel nicht abnehmen. Beiseite stellen und 10 bis 20 Minuten mit geschlossenem Deckel stehen lassen. Dann erst servieren.

Sehr oft bereite ich eine größere Menge (2 oder 3 Tassen) Reis zu. Ich verdreifache das Rezept sozusagen, um den übriggebliebenen Reis für Salate (ohne Käse) oder für »gerösteten Reis im Wok« zu verwenden.

Brauner Reis mit Pilzen *   2–4 Portionen

Bereiten Sie den braunen Reis wie im Rezept für »Brauner Reis« zu. Bereiten Sie die Pilze wie im Rezept für »Gedünstete Pilze« zu. Wenn der Reis gar ist, werden die Pilze mit der Soße unter den Reis gerührt. Kombinieren Sie das Gericht mit einer großen Portion Salat.

Gerösteter Reis im Wok * 4–5 Portionen

2 Eßlöffel naturbelassenes Distel-, Sesam- oder Erdnußöl
1 knappes Pfund frische Pilze, (oder 2 Tassen getrocknete)
1 Karotte
1 Strunk gedämpfter Brokkoli, dicke Stiele entfernen
6 Tassen übriggebliebener brauner Reis
1 Gemüsebrühwürfel, in einer Tasse kochendem Wasser oder Pilzbrühe aufgelöst
2 Eßlöffel Tamari oder 4 Eßlöffel Sojasoße

Wenn Sie keinen Wok haben, können Sie dieses Gericht auch in einer großen Pfanne zubereiten, im Wok geht es allerdings leichter.

Erhitzen Sie das Öl in einem großen Wok. Schneiden Sie die Pilze in Scheiben und geben Sie sie in das heiße Öl. (Falls Sie getrocknete Pilze verwenden, müssen Sie sie mindestens 1/2 Stunde vor dem Beginn Ihrer Kochvorbereitungen in 2 Tassen Wasser einweichen. Nachdem sie weichgeworden sind, entfernen Sie die Stiele und schneiden Sie die Kappen in Scheiben. Bewahren Sie eine Tasse der Einweichflüssigkeit für den Reis auf. Sieben Sie sie durch ein feines Sieb oder durch ein Käsetuch). Rösten Sie die Pilze unter Rühren, bis sie angebraten sind.

Reiben Sie die Karotte auf einer groben Reibe und geben Sie sie in den Wok. Unter Rühren braten, bis sie weich geworden ist. Schneiden Sie den Brokkoli in dünne Scheiben (vom Röschen bis zum Stiel) und geben Sie ihn ebenfalls in den Wok. Fügen Sie den Reis zu und braten Sie unter Rühren, bis alle Zutaten gut miteinander verbunden sind. Geben Sie den in kochendem Wasser oder der Pilzbrühe aufgelösten Gemüsebrühwürfel dazu, und zwar soviel, wie nötig ist, um den Reis gut anzufeuchten. Fügen Sie Tamari oder Sojasoße zu und mischen Sie gut durch.

Gerösteter Reis im Wok auf andere Weise *

4-5 Portionen

1 Knoblauchzehe
1 Tasse frische oder gefrorene Erbsen
1 Karotte
1 Strunk Brokkoli
2 Eßlöffel naturbelassenes Distel- oder Sesamöl
1/2 Tasse Wasser
1–2 Eßlöffel Tamari
1/4 Teelöffel chinesische Gewürzmischung
1 Bund Schalotten
1/2 Pfund (knapp) frische Pilze oder 1/4 Pfund frische Shiitakepilze
1 Bund Schalotten
1/2 Pfund (knapp) frische Pilze oder 1/4 Pfund frische Shiitakepilze
6 Tassen gedämpfter brauner Reis
2 Tassen Bohnensprossen

Hacken Sie den Knoblauch, pahlen Sie die Erbsen aus, schneiden Sie die Karotte in erbsengroße Würfel. Verwenden Sie nur die oberen 5 cm des Brokkoli und schneiden Sie die Röschen der Länge nach in Scheiben. Erhitzen Sie 1 Eßlöffel des Öls im Wok. Geben Sie den Knoblauch hinein und rösten Sie ihn unter Rühren, bis er weich ist. Dann die Erbsen und die Karotte mehrere Minuten unter Rühren braten. Geben Sie den Brokkoli dazu und fahren Sie fort zu rühren, bis alle Gemüse gut mit Öl bedeckt und von schöner Farbe sind. Dann Wasser und Tamari zufügen, die chinesische Gewürzmischung hineinrühren und zum Kochen bringen. Die Hitze reduzieren, zudecken und 10 bis 15 Minuten dämpfen, dabei gelegentlich umrühren.

Bereiten Sie in der Zwischenzeit das restliche Gemüse zu. Schneiden Sie die Schalotten in ca. 1/2 cm große Stücke unter Verwendung von etwas Grün. Schneiden Sie die Pilze in Scheiben. Wenn Sie frische Shiitakepilze bekommen können, schneiden Sie sie in große Scheiben, da sie beim Kochen brechen.

Nehmen Sie das gedünstete Gemüse samt der Flüssigkeit aus dem Wok. Geben Sie den Rest des Öls hinein, dazu die Schalotten und rösten Sie sie unter Rühren, bis sie weich sind. Geben Sie die Pilze dazu und rösten Sie sie kurz unter Rühren. Geben Sie den Reis in Portionen von 4–5 Eßlöffeln dazu und fahren Sie fort zu rühren, bis der Reis gründlich erwärmt ist. Nun heben sie sanft das Gemüse ohne die Flüssigkeit unter.

Jetzt die Bohnensprossen unterheben und die Gemüseflüssigkeit darübergießen. Zugedeckt fünf Minuten bei niedriger Hitze dämpfen.

Basmatireis mit frischer Zucchinisoße *

3–4 Portionen

Dem Duft des Basmatireises ist, während er kocht, kaum zu widerstehen. Sie werden sein spezielles, verführerisches Aroma zu schätzen wissen. Die delikate Zucchinisoße ist eine perfekte Ergänzung, denn sie gestattet diesem Aroma sich zu entfalten.

2 Tassen Basmatireis
4 Tassen Wasser
1–2 Eßlöffel naturbelassenes Distelöl
1 Teelöffel Meersalz oder Kräutergewürz

Geben Sie den Reis in eine große Pfanne (oder Wok) mit gutschließendem Deckel. Fügen Sie Wasser, Öl und Salz dazu. Bringen Sie das Ganze zum Kochen und rühren Sie kurz um. Gut zugedeckt 17 Minuten bei niedriger Hitze köcheln lassen. Nehmen Sie den Deckel ab und lockern Sie den Reis mit einer Gabel. Übriggebliebener Reis kann zur Verwendung in einem Salat aufbewahrt werden.

Herzhafte Wintermahlzeit *

4 Portionen

2 Eßlöffel naturbelassenes Distelöl
2 Karotten, in Stücke geschnitten
2 Stangen Sellerie, in Scheiben
1 Knoblauchzehe, fein gehackt
12 getrocknete Pilze, mindestens 1/2 Stunde vorgeweicht
1/2 Teelöffel Curry (nach Wunsch)
1 Tasse brauner Reis
1/2 Tasse Linsen
1/2 Tasse Erbsen

2 Zucchini, in Scheiben
6 Tassen Wasser
2 Tassen Pilzbrühe, durch ein Tuch gesiebt
1 Gemüsebrühwürfel

Zubereitet im WOK

Erhitzen das Öl und geben Sie die Karotten, den Sellerie und den Knoblauch hinein. Schneiden Sie die Pilze, deren dicke Stiele Sie entfernt haben, in Scheiben und geben Sie sie ebenfalls in das Öl. Curry einstreuen. Den Reis, die Linsen und die Erbsen zufügen, dabei gut umrühen, daß alles mit Öl bedeckt wird. Dann die Zucchini, das Wasser, die Pilzbrühe sowie den Gemüsebrühwürfel zufügen und die Mischung zum Kochen bringen. Gut umrühren, damit sich der Brühwürfel auflöst, dann fest zugedeckt bei niedriger Hitze 50 Minuten köcheln lassen. Ergibt eine großartige, sättigende und nahrhafte Mahlzeit, die von Kindern geliebt wird. Paßt gut zu einem gemischten grünen Salat.

Zubereitet in der Tajine

Wie im Wok, nur müssen Sie darauf achten, daß wasserreiche Zutaten immer zuerst eingelegt werden. Länger garende Zutaten schichten Sie in die Mitte, da der Garprozeß von innen nach außen verläuft!

Zucchini/Reissalat*** 3–4 Portionen

Für diesen Salat sollten Sie Basmatireis verwenden, ein weißer, naturbelassener Reis, der aus Pakistan kommt. Wenn Sie keinen bekommen können, nehmen Sie langkörnigen braunen Reis. Bemühen Sie sich um ungeschälten Reis, wenn es nur irgend möglich ist. Der Salat bekommt dadurch ein feineres Aroma und hat einen weit größeren Nährwert.

2 Tassen Basmatireis
4 Tassen Wasser
2 Eßlöffel naturbelassenes Distelöl
1 Teelöffel Meersalz
6–8 kleine Zucchini
2 Eßlöffel naturbelassenes Distel- oder Olivenöl
1 Teelöffel Majoran
1/2 Tasse Wasser

1 Salat nach dem Grundrezept (Tomaten nach Wunsch)
1 Tasse grüne Oliven, mit Paprika gefüllt
1/2 Tasse naturbelassenes Distel- oder Olivenöl
3 Teelöffel frisch gepreßter Zitronensaft
Prise Thymian
Kräutergewürz (nach Geschmack)

Bereiten Sie den Basmatireis vor. Dann geben Sie Reis, vier Tassen Wasser, zwei Eßlöffel Distelöl und das Kräutergewürz in eine Pfanne (oder Wok). Zum Kochen bringen, leicht umrühren und zudecken. Hitze schwach reduzieren und den Reis etwa 17 Min. köcheln lassen. Abdecken, mit einer Gabel auflockern und leicht abkühlen lassen.

Anmerkung: Während des Kochens sollte der Deckel nicht abgenommen werden.

In der Zwischenheit die Zucchini vorbereiten. Jede Zucchini in ca. 1/2 cm dicke Scheiben schneiden. 2 Eßlöffel Öl in einer Pfanne oder in einem Wok erhitzen. Die Zucchini hineingeben und gut umrühren, so daß Sie mit Öl bedeckt sind. Fügen Sie Majoran zu und 1/2 Tasse Wasser. Zum Kochen bringen, zudecken und die Zucchini bei niedriger Hitze 5–10 Min., oder bis sie weich sind, dämpfen (dünsten). Abkühlen lassen.

Jetzt bereiten Sie den Salat nach dem Grundrezept zu. Geben Sie den Reis und die Zucchini dazu, schneiden Sie die Oliven in Scheiben und verteilen Sie sie auf dem Salat. Verschlagen Sie das Öl und den Zitronensaft miteinander. Geben Sie den Thymian zum Salat. Gießen Sie die Soße über den Salat und vermischen Sie alles gut. Mit Kräutergewürz abschmecken.

Zubereitung der Zucchinibeilage

3 Eßlöffel naturbelassenes Oliven- oder Distelöl
3 Pfund frische Zucchini, vorzugsweise die kleinere Sorte
1 Teelöffel Majoran
1 Gemüsebrühwürfel
1 Tasse Wasser

Erhitzen Sie das Öl in einer schweren Pfanne (oder Wok). Hacken Sie die Zucchini grob und geben Sie sie ins Öl. Kurz dünsten, dabei gut umrühren, damit die Zucchini sich mit Öl überziehen können. Geben Sie den Majoran, den Gemüsebrühwürfel und das Wasser dazu. Bringen Sie das Ganze unter ständigem Rühren zum Kochen, damit der Würfel sich auflöst. Stellen Sie die Hitze zurück und lassen Sie 5–10 Minuten, oder bis die Zucchini weich sind und eine gehaltvolle Beilage bilden, fest zugedeckt, köcheln. Löffelweise auf den in Schüsseln verteilten heißen Reis geben.

Gemüse-Couscous *

4–6 Portionen

1 Zwiebel, in Scheiben geschnitten
1/2 Tasse fein gehackter Sellerie
2 große Karotten, in ca. 1/4 cm dicke Scheiben geschnitten
2 Tassen frische Erbsen (oder gefrorene Erbsen)
1 großer Blumenkohl, in kleine Röschen geteilt
1 Gemüsebrühwürfel
2 Tassen kochendes Wasser
1 großer Strunk Brokkoli, in kleine Röschen geteilt
1 große oder drei kleine Zucchini, in Scheiben geschnitten
6 kleine neue Kartoffeln, vorgekocht und in Scheiben geschnitten (nach Wunsch)

2 Eßlöffel frische Butter
2 Eßlöffel naturbelassenes Distelöl
1/2 Teelöffel Thymian
1 Packung oder 2 Tassen Couscous (erhältlich in Naturkostläden oder in der Feinkostabteilung Ihres Lebensmittelgeschäftes)
2 Tassen kochendes Waser
1/4 Tasse frische Butter
1 Teelöffel Kräutergewürz

Zuerst wird das Gemüse vorbereitet. In einer großen schweren Pfanne (oder Wok) wird die Butter geschmolzen und das Öl erhitzt. Geben Sie die Zwiebel und den Sellerie hinein und dünsten Sie bei niedriger Hitze weich. Fügen Sie die in Scheiben geschnittenen Karotten hinzu und dünsten Sie sie unter häufigem Rühren einige Minuten lang. Dann die Erbsen und den Blumenkohl zugeben. Lösen Sie den Brühwürfel in kochendem Wasser und gießen Sie die Brühe über das Gemüse. Zugedeckt das Ganze 5 Minuten bei niedriger Hitze köcheln lassen. Den Brokkoli hineingeben und weiter zugedeckt 5 Minuten köcheln lassen, oder bis das Gemüse weich aber nicht musig geworden ist.

Zubereitung des Couscous

Ich habe herausgefunden, daß die meisten Couscouspakkungen eine Reihe einfacher Anweisungen aufgedruckt haben, denen Sie folgen können. Ich halte mich an die folgende Zubereitungsweise. Geben Sie den ganzen Inhalt der Packung in eine schwere Pfanne (oder Wok). Fügen Sie 2 Tassen kochendes Wasser, 1/4 Tasse Butter und 1 Teelöffel Meersalz oder Kräutergewürz hinzu. Bringen Sie das Ganze zum Kochen, dabei ständig rühren, bis das Wasser aufgesaugt und der Couscous flockig geworden ist.

Servieren Sie den Couscous gemischt mit dem Gemüse in großen hölzernen Schüsseln.

Das vorliegende Rezept ist wie ein Gemüseeintopf, Sie können aber jede Art von gedämpftem Gemüse als Beilage für Couscous verwenden. Sie können jede der für Kasha vorgeschlagenen Soßen verwenden, Zucchinisoße oder auch einfaches gemischtes Gemüse. Oder servieren Sie den Couscous allein als Beilage zu gedämpftem Brokkoli mit Zitronen-Buttersoße und Salat. Es gibt unendlich viele Kombinationsmöglichkeiten. 1 1/2

Gedämpfter Kasha

4–5 Portionen

2 Tassen Kasha
2 Eier, leicht geschlagen
4 Tassen kochendes Wasser
2 Eßlöffel naturbelassenes Distelöl
1 Teelöffel Meersalz oder Kräutergewürz

Mischen Sie Kasha und Eier in einer Schüssel. Geben Sie die Mischung in einen trockenen heißen Wok oder eine große schwere Pfanne mit einem gut schließenden Deckel. Rühren Sie, bis sich die Eier verteilen. Geben Sie kochendes Wasser, das Öl und das Salz dazu. Rühren Sie kurz um. Reduzieren Sie die Hitze auf schwach und dämpfen Sie das Ganze zugedeckt 1/2 Stunde.

Wenn Sie einen Wok haben, sollten Sie ihn für Kasha auch verwenden. Das Gericht wird darin leichter und flockiger.

Beilage aus gemischtem Gemüse für Kasha**

2 Eßlöffel naturbelassenes Distelöl
2 Knoblauchzehen
1 Zwiebel
1 Stange Sellerie
2 große Karotten
1 knappes Pfund grüne Bohnen
1 Blumenkohl
1 Gemüsebrühwürfel
1 Tasse Wasser
Kräutergewürz (nach Geschmack)

Erhitzen Sie das Öl in einer schweren Pfanne (oder Wok). Hacken Sie den Knoblauch sehr fein, die Zwiebel etwas größer und geben Sie beides ins heiße Öl. Reduzieren Sie die Hitze und schmoren Sie alles weich. Hacken Sie den Sellerie und die Karotten und geben Sie sie ins Öl. Putzen Sie die Bohnen und schneiden Sie sie in ca. 1 1/2 cm große Stücke. Entfernen Sie den Strunk des Blumenkohls und hacken Sie den Kopf klein. Geben Sie die Bohnen und den Blumenkohl in die Pfanne und wenden Sie sie gut im Öl. Fügen Sie den Brühwürfel und das Wasser zu, bringen Sie es zum Kochen und rühren Sie, bis der Würfel aufgelöst ist. Dann das Kräutergewürz zugeben und 15 Minuten oder bis das Gemüse weich ist, zugedeckt, bei niedriger Hitze köcheln lassen.

Reichen Sie das Kasha zusammen mit der Gemüsebeilage in einer großen Servierschüssel oder in Ihrem Wok und gestatten Sie jedem, sich selbst zu bedienen. Sie können diese Soße auch zu braunem Reis, Basmatireis oder Couscous servieren.

Brokkoli-Kartoffelbeilage für Kasha**

2 Eßlöffel naturbelassenes Distelöl
2 Knoblauchzehen
1 Zwiebel
2 Karotten
1 Stange Sellerie
3 oder 4 große neue Kartoffeln
1 Gemüsebrühwürfel
1 1/2 Tassen Wasser
4 Tassen grob gehackter Brokkoli (1 großer oder 2 kleine Strünke), die dicken Stiele werden entfernt
1 Teelöffel Kräutergewürz (nach Geschmack)

Die Zugabe einer kleinen Menge Kartoffeln zu dieser Beilage ergibt zusammen mit dem Kasha eine überraschende Gaumenfreude.

Erhitzen Sie das Öl in einer großen schweren Pfanne (oder Wok). Hacken Sie den Knoblauch fein, die Zwiebel etwas gröber und geben Sie sie ins Öl. Hacken Sie die Karotten und den Sellerie und würfeln Sie die Kartoffeln und geben Sie sie – nachdem Knoblauch und Zwiebel einig Minuten gedünstet wurden – ebenfalls ins Öl. Dünsten Sie das Ganze einige Minuten lang, bis das Gemüse weich zu werden beginnt. Geben Sie den Gemüsebrühwürfel und das Wasser dazu, bringen Sie die Mischung zum Kochen, reduzieren Sie die Hitze und lassen Sie alles zugedeckt zehn Minuten köcheln. Dann den Brokkoli und das Kräutergewürz zugeben und weitere zehn Minuten zugedeckt köcheln lassen.

Das Gemüse sollte weich und dick sein. Servieren Sie die Beilage gemischt mit dem gedämpften Kasha oder löffeln Sie sie über die einzelnen Schüsseln, die mit Kasha gefüllt sind. Wegen der in diesem Gericht enthaltenen Kohlenhydrate reichen Sie es zusammen mit einer großen Portion Salat.

Kapitel 12

Übergangskost V

Festtagsessen für's Wochenende oder für Feiertage

Feste zu feiern ist Bestandteil unseres sozialen Lebens. Es ist sehr bedauerlich, daß die meisten Menschen in den letzten Jahren vom Festessen zu Hause abgekommen sind und man mehr und mehr in Restaurants geht. Zwar hat auch das Essen in einem Restaurant sein Vorteile, aber die liebevolle Sorgfalt und Freude, die man in die Zubereitung eines Essens für sich selbst, seine Lieben und seine Freunde investiert, bringt gesundheitliche Vorteile, die durch ein Essen im Restaurant nicht aufgewogen werden können.

In der Zeit der Mikrowellenherde und der chemisch behandelten Nahrungsmittel ist es wichtiger als je zuvor, kontrollieren zu können, was in Ihre Nahrung hineinkommt und wie sie zubereitet ist.

Feste feiern

Die folgenden Rezepte sind Vorschläge für das Wochenende, für Partys oder Feiertage. Die meisten dieser Rezepte brauchen eine etwas längere Zubereitungszeit als Salate, einfache Gemüsegerichte oder Körnerspeisen. Außerdem benötigen diese Gerichte, wie in diesen Fällen üblich, mehr Zeit zur Verdauung. Probieren Sie diese Rezepte aus, wenn Ihnen ausreichend Zeit zur Verfügung steht, so daß Sie sie mit Freude zubereiten können, und gönnen Sie sich aber auch genügend Ruhe, damit Ihr Körper der größeren Anforderung gerecht werden kann. Sie werden feststellen, daß diese außergewöhnlichen Gerichte Spaß machen, sowohl bei der Zubereitung, als auch beim Essen. Über normale Vollwertgerichte können Sie sich in einschlägiger Vollwertkost-Literatur informieren.

California Tostada** 4–5 Portionen

Dieser herrliche Salat ist ein Hauptgericht, das alles enthält, er ist ein festliches mexikanisches Gericht, der ideale Lunch, wenn Sie Gäste haben. Wenn Sie ihn als Bestandteil eines mexikanischen Buffets servieren wollen, eignen sich gedämpfter brauner Reis und aufgebackene Pintobohnen am besten dazu.

2 Tassen grüne Bohnen, in ca. 2 1/2 cm Stücke geschnitten oder – falls erhältlich – frische Erbsen
2 Tassen Karottenscheiben
2 Tassen Blumenkohlröschen
2 Tassen Brokkoliröschen
1 Kopf Eis- oder römischer Salat
1 Bündel Spinat
1 Gurke
2 große Tomaten oder ca. 2 Tassen halbierte Kirschtomaten
2 Tassen Alfalfasprossen
1/2 Teelöffel Kräutergewürz
1/2 Teelöffel Majoran
1 Prise Thymian
1 Tasse Sauerrahm
1/4 Tasse honiggesüßter Ketchup
3/4 Tasse Mayonnaise
2 Packungen biologische Maischips

16 grüne oder schwarze Oliven
1 reife Avocado, in Stücke geteilt

Geben Sie die grünen Bohnen oder Erbsen und die Karotten in einen Gemüsedämpfer und dämpfen Sie sie 10 Minuten über kochendem Wasser. Dann den Blumenkohl und den Brokkoli dazugeben und weitere 10 Minuten dämpfen oder bis alles Gemüse weich ist. Beiseite stellen und abkühlen lassen. In der Zwichenzeit den Salat zubereiten.

Teilen Sie die Salatblätter in mundgerechte Stücke. Hacken Sie den Spinat und mischen Sie ihn mit den Salatblättern in einer großen Schüssel. Schälen und vierteln Sie die Gurke und schneiden Sie sie in ca. 1 1/2 cm große Stücke. Vierteln Sie die Tomaten oder schneiden Sie sie in Scheiben. Geben Sie die Gurke und die Tomate dazu. Verteilen Sie die Alfalfasprossen um den Rand der Schüssel und streuen Sie Kräutergewürz, Majoran und Thymian darüber.

Verschlagen Sie das einfache Dressing aus Ketchup und Mayonnaise. Durch die Vielfalt der in der Tostada enthaltenen Aromen erübrigt sich ein gehaltvolleres Dressing. Achten Sie jedoch darauf, eine ungezuckerte zu verwenden, wie sie in Naturkostläden angeboten werden. Sie haben ein vorzügliches Aroma.

Jetzt können die Tostadas zusammengestellt werden. Geben Sie das gedämpfte Gemüse zum Salat. Übergießen Sie ihn mit der Soße und mischen Sie gut, aber vorsichtig durch. Verteilen Sie die Maischips großzügig auf 4 oder 5 große Teller. Geben Sie auf jeden Teller eine gehäufte Portion des Salates, oben drauf einen Klecks Sauerrahm und garnieren Sie das Ganze mit Oliven und Avocadoschnitten.

Diese Mahlzeit ist besonders geeignet, wenn Sie Gäste an heißen Tagen haben. Kinder mögen sie besonders. Sie ist leicht zu servieren, da pro Person nur ein Gericht gereicht wird.

Variante: Sie können jede der aufgeführten Gemüsesorten auch durch Mais ersetzen.

Bohnen-Burritos (Eselchen) ** 6 Portionen

2 Tassen Pintobohnen
1 Zehe Knoblauch
1 Teelöffel Meersalz oder Kräutergewürz
6 ganze Vollkornweizen-Tortillas oder Chapatis
7 Tassen Wasser
1 Lorbeerblatt
1 Tasse Sauerrahm

Waschen Sie die Bohnen sorgfältig und weichen Sie sie mehrere Stunden in Wasser ein, oder geben Sie sie in eine schwere Pfanne (Wok), fügen Wasser zu und bringen es zum Kochen. Eine Minute kochen lassen und dann die Hitze abstellen. Lassen Sie die Bohnen eine Stunde im Wasser stehen. Wenn sie sich teilweise vollgesaugt haben, das Wasser erneut zum Kochen bringen, das Lorbeerblatt und den Knoblauch zufügen. Würzen Sie erst später, da sonst die Bohnen hart werden. Lassen Sie das Ganze ungefähr 1 1/2 Stunden zugedeckt bei niedriger Mittelhitze köcheln, oder solange, bis die Bohnen weich sind. Nicht abgießen.

In derselben Pfanne werden die Bohnen mit einer Gabel zerdrückt, und zwar solange, bis sie klumpig werden und der Großteil des Wassers aufgesogen ist. Die Knoblauchzehe kann belassen werden, aber das Lorbeerblatt wird entfernt. Dann würzen und weiter mit der Gabel zerdrükken, dabei die Pfanne auf der Hitzequelle belassen, so daß die Bohnen nicht austrocknen. Wenn die Bohnen alle klumpig geworden sind, können Sie die Burritos zubereiten. In einer anderen Pfanne wird eine Tortilla leicht erwärmt, so daß sie warm und biegsam wird. Geben Sie mit einem Löffel einige Bohnen und einen Eßlöffel Sauerrahm in die Mitte der Tortilla, klappen die Seiten zur Mitte und rollen sie dann zusammen. Es genügen in der Regel zwei pro Person. Reichen Sie als Beilage den Salat nach dem Grundrezept, er hilft bei der Verdauung dieser ziemlich kräftigen Mahlzeit.

Engelhaarnudeln und Blumenkohl in Basilikumcremesoße*

5 Portionen

1 Blumenkohl, in dünne Röschen geschnitten
1 knappes Pfund Engelhaarnudeln (von den Sorten Spinat, Tomate, Karotte, grüne Zwiebel oder eine Kombination von roten und grünen Nudeln)
5 Eßlöffel Butter
1 Teelöffel fein gehackter Noblauch
1 Tasse Creme fraiche oder rohe Sahne
1/2 Teelöffel Meersalz o. Kräutergewürz (nach Wunsch)
1 Tasse frisch gehacktes Basilikum
Frisch gemahlener Pfeffer nach Geschmack

Geben Sie den Blumenkohl in einen Gemüsedämpfer und dämpfen Sie ihn 5–10 Minuten über kochendem Wasser oder bis er weich ist. (Garprobe mit spitzem Messer machen). Beiseite stellen.

Bringen Sie in einem großen Topf mit ca. 1 1/4 l Wasser zum Kochen. Geben Sie (nach Wunsch) 1 Teelöffel Meersalz dazu und einen Eßlöffel Olivenöl. Sobald das Wasser kocht, gibt man langsam unter leichtem Rühren die Nudeln hinein, damit sich die beiden Farben gut verbinden. Kochen Sie die Nudeln nur 1–2 Minuten, wenn sie frisch sind, 5 Minuten, wenn es sich um getrocknete Nudeln handelt. Abtropfen lassen und 1 Eßlöffel Butter unterheben.

Schmelzen Sie die restliche Butter in einer großen Pfanne (Wok). Geben Sie Knoblauch und Sahne hinein. Lassen Sie ein paar Minuten köcheln, bis die Soße eingedickt ist. Dann Salz und frisches Basilikum dazugeben und gut umrühren. Den Blumenkohl hineingeben, 2–3 Minuten köcheln lassen, bis der Blumenkohl erwärmt ist. Gießen Sie die Soße über die Nudeln und heben Sie sie sanft unter. Nach Geschmack pfeffern und sofort servieren.

Honigmaisbrot

Das ist das beste Maisbrotrezept, das ich kenne. Ich habe ein konventionelles Rezept, das Zucker und weißes Mehl enthielt, umgearbeitet, und es wurde ein großer Erfolg. Dieses Maisbrot eignet sich gut als Beilage zu Salaten oder als Zugabe zu einem festlichen Buffet.

1 Tasse gelbes Maismehl
1 Tasse Vollkornweizenmehl
1/2 Teelöffel Meersalz
1 Teelöffel Backpulver
1 Teelöffel Natron
Etwas weniger als eine Vierteltasse naturbelassener Honig
1 Ei
1 7/8 Tassen Buttermilch

Heizen Sie den Ofen auf 200° C vor. Bestreichen Sie eine Backform (20 cm Ø) reichlich mit Butter.

Mischen Sie die trockenen Zutaten in einer großen Schüssel. Rühren Sie die flüssigen Zutaten hinein und mischen Sie alles leicht. Maisbrotteig muß ein bißchen klumpig sein. (Evtl. schwer reißend). Geben Sie den Teig in die vorbereitete Form. Backen Sie das Brot ca. eine halbe Stunde, bis es goldfarben ist. Machen Sie die Garprobe mit einem Zahnstocher.

Variante: Nehmen Sie statt der Tasse Maismehl eine 3/4 Tasse Maismehl und eine 1/4 Tasse Kleie.

Gemüsepastete und Gebäck

Um dem Wunsch meiner Familie nach Pasteten und Gebäck nachzukommen, arbeitete ich die folgenden Rezepte aus. Wenn Sie wegen der extrem sauren Reaktion im Organismus gekochte Früchte nicht mehr essen, so müssen Sie deshalb auf Pasteten oder Torten nicht völlig verzichten. Man füllt sie einfach mit Gemüse! Sie können sich gar nicht vorstellen, wie gut diese Gemüsepasteten sind, ehe Sie sie nicht probiert haben. Die von mir vorgeschlagenen Füllungen sind bestimmt nicht die einzigen Möglichkeiten. Experimentieren Sie selbst! Wenn Sie gerne backen, ist die Zubereitung von Gemüsetorten ein großartiges Erlebnis. Kinder aller Altersstufen mögen sie gern.

Gemüsetorte *

4–6 Portionen

5 Tassen Vollkornweizenmehl (250–300 g)
1 Tasse frische Butter, erweicht
1/4 Teelöffel Meersalz oder Kräutergewürz
4–6 Eßlöffel Eiswasser

Geben Sie die Hälfte der Butter ins Mehl. Geben Sie das Salz und den Rest der Butter dazu und schneiden Sie, bis die Mischung körnig wird. Fügen Sie dann Eiswasser zu, ein Löffel nach dem anderen und mischen Sie mit einer Gabel, bis sich das Teiggemisch vom Schüsselrand abhebt. Kneten Sie kurz und formen Sie eine Kugel. Wickeln Sie den Teig fest in Wachspapier und legen Sie ihn mindestens für 1/2 Stunde in den Kühlschrank.

In der Zwischenzeit bereiten Sie die Gemüsefüllung vor:

3 Tassen neue Kartoffeln (ungefähr 5 oder 6 mittelgroße Kartoffeln)
2 Tassen Karotten
4 Tassen Brokkoliröschen (1 Strunk)
1/2 Tasse frische Butter
1 kleine Zwiebel, fein gehackt
1/4 Tasse fein gehackter Sellerie
2 Tassen frische Erbsen
3 Tassen frischer oder gefrorener Mais
1/2 Teelöffel Thymian
1/8 Teelöffel Salbei
1/2 Teelöffel Kräutergewürz
4 Eßlöffel Mehl
1 Gemüsebrühwürfel
2 Tassen Sahne
1/4 Teelöffel Muskat

Dämpfen Sie die Kartoffeln und die Karotten im Ganzen, bis sie weich sind, und teilen Sie sie dann in ca. 3/4 cm große Stücke. Dämpfen Sie die Brokkoliröschen ungefähr fünf Minuten oder bis sie knackig weich sind. Schmelzen Sie 1/4 Tasse Butter in einer großen schweren Pfanne (Wok). Geben Sie die Zwiebel und den Sellerie dazu und dünsten Sie sie weich. Fügen Sie die Kartoffeln und Karotten hinzu und kochen Sie alles unter Rühren für einige Minuten. Dann die Erbsen und den Brokkoli zugeben und ebenfalls unter Rühren bei niedriger Hitze 10 Minuten kochen. Mischen Sie den Mais hinein. Fügen Sie Thymian, Salbei und Kräutergewürz hinzu. Lassen Sie die Gemüsemischung abkühlen, während Sie die Cremesoße zubereiten. Schmelzen Sie die restliche Butter (1/4 Tasse). Rühren Sie das Mehl hinein. Geben Sie die Gemüsebrühe dazu.

Langsam, unter ständigem Rühren die Sahne zufügen, bis die Mischung dick wird. Geben Sie Muskat dazu. Heben Sie die Soße unter das Gemüse, mischen Sie gut und lassen Sie das Ganze abkühlen, während Sie den Teig ausrollen.

Heizen Sie das Backrohr auf 200°C vor. Nehmen Sie die Teigkugel aus dem Kühlschrank und teilen Sie sie in zwei Hälften. Rollen Sie die eine Hälfte auf einer bemehlten Fläche aus, daß sie in eine Backform von ca. 25 cm Ø und ca. 5 cm Tiefe paßt. Füllen Sie den Teig mit dem Gemüse, rollen Sie dann die zweite Hälfte der Kugel aus und decken Sie die Füllung damit zu. Schließen und falten Sie die Kanten und stechen Sie mit einer Gabel in den Teigdeckel. Um eine glänzende Kruste zu erhalten, verschlagen Sie ein Eigelb mit einem Eßlöffel Wasser und bepinseln damit den Teigdeckel. Backen Sie die Gemüsetorte 5 Minuten bei 200°C. Dann reduzieren Sie die Hitze auf 180°C und backen weitere 30–35 Minuten, oder bis die Kruste goldbraun geworden ist.

Sie können die Torte heiß oder auf Zimmertemperatur gekühlt servieren. Je kälter die Torte ist, umso besser hält sie beim Schneiden zusammen. Reichen Sie als Beilage einen grünen Salat mit Zitronen-Kräuterdressing.

Succotash-Taschen * 4-6 Portionen

Entweder das Rezept für Sommer- oder für Wintersuccotash, 1 flockiger (leichter) Pastetenteig (Mürbeteig)

Der Succotash sollte einige Stunden vorher oder sogar am Tag vorher zubereitet werden. Die Taschen sollten bei Zimmertemperatur hergestellt werden. Winter-Succotash kann sehr gut über Nacht aufbewahrt werden.

Zubereitung der Teighülle:

Folgen Sie den Anweisungen des Rezeptes für die Gemüsetorte. Legen Sie den Teig mindestens einbe halbe Stunde in den Kühlschrank; er ist dann leichter zu verarbeiten. Ca. 1 1/2 Stunden vor dem Essen sollten Sie mit Ihren Vorbereitungen beginnen.

Heizen Sie den Ofen (Backrohr) auf 200° C vor. Nehmen Sie den gekühlten Teig aus dem Kühlschrank. Teilen Sie ihn zuerst in zwei Hälften, dann in Viertel, dann in Achtel. Oder wenn die Taschen sehr klein ausfallen sollte, zum Beispiel für ein Buffet, teilen Sie die Kugel in zwei Hälften und jede Hälfte in Drittel und die Drittel in Sechstel. Im ersteren Fall bekommen Sie 8 Taschen, die schön groß sind, im zweiten Fall 12 kleinere. Formen Sie jedes Stück in eine Kugel, die Sie auf einem bemehlten Brett flach drücken und dann mit dem Nudelholz auf ca. 3 mm ausrollen. Geben Sie die gewünschte Menge Succotash in die Mitte des Teiges, falten ihn in der Mitte und versiegeln Sie die Ränder mit den Zinken einer Gabel oder mit Ihrem Daumen, wenn Sie der Tasche eine Muschelform geben wollen. Legen Sie dann die Taschen auf ein ungefettetes Backblech und backen Sie sie bei 200° C 5 Minuten. Dann die Hitze zurückschalten auf 175° C und weitere 25–30 Minuten backen, oder bis sie goldbraun sind. Vor dem Servieren 20–30 Minuten abkühlen lassen.

Anmerkung: Succotash-Taschen schmecken kalt köstlich. Sollten welche übrigbleiben, brauchen sie nicht aufgewärmt zu werden.

Französischer Gemüsestrudel * 4 Portionen

Dieses Rezept erfand ich eines Tages, als ich den Strudel meiner Schwiegermutter machen wollte. Bei der Herstellung des Teiges ersetzte ich das weiße Mehl durch Vollkornmehl, aber dann war noch das Problem mit der Füllung. Je mehr ich nachdachte, umso mehr gefiel mir die Idee eines Gemüsestrudels. Die Fülle entstand aus den Vorräten, die ich gerade an diesem Tag zur Hand hatte, und sie gelang bestens. Ich nannte das Gericht französischer Gemüsestrudel, denn die Form erinnerte mich an ein Croissant.

Eine Warnung! Gehen Sie zart mit dem Teig um, wenn Sie ihn um die Füllung rollen. Er ist sehr weich und bricht leicht. Falls er beim Rollen zerreißt, können Sie ihn ausbessern, man sieht es nach dem Backen nicht mehr.

Strudelteig

4 1/2 Tassen Vollkornweizenmehl (ca. 200–250 g)
1 Tasse frische Butter, weich
1/2 Tasse Sauerrahm

Schneiden Sie die Butter ins Mehl. Geben Sie den Sauerrahm dazu und mischen Sie ihn unter, bis das Mehl feucht wird und man aus dem Teil eine Kugel formen kann. Sanft solange kneten, bis er glatt ist. Fest in Plastik einwickeln und eine Stunde kühlen. In der Zwischenzeit die Füllung vorbereiten.

Gemüsefüllung

1/4 Tasse frische Butter
1 kleine Zwiebel
1 Karotte
8–10 kleine neue Kartoffeln
1 großer Strunk Brokkoli
1 Gemüsebrühwürfel
1/2 Tasse kochendes Wasser
1/2 Teelöffel Thymian
1/2 Teelöffel Kräutergewürz

Schmelzen Sie die Butter in einer schweren Pfanne (Wok). Schneiden Sie die Zwiebel und die Karotte in sehr dünne Scheiben und dünsten Sie sie weich. Auch die Kartoffeln werden in dünne Scheiben geschnitten und in die Pfanne gegeben. Unter häufigem Rühren weiter dünsten, bis die Kartoffeln weich sind. Schneiden Sie die Röschen des Brokkoli fein. Sie benötigen davon ca. 4 Tassen. Geben Sie den Brokkoli zum Gemüse und dünsten Sie unter Rühren weiter, bei niedriger Hitze. Lösen Sie den Brühwürfel in kochendem Wasser und schütten Sie die Brühe über das Gemüse. Gut umrühren, so daß alle Zutaten gut angefeuchtet werden. Rühren Sie den Thymian und das Kräutergewürz hinein und lassen zugedeckt, unter häufigem Rühren bei niedriger Hitze köcheln, bis das Gemüse eine dickliche cremige Beschaffenheit hat. Es dürfte ca 1/2 Stunde in Anspruch nehmen. Lassen Sie die Füllung auf Zimmertemperatur abkühlen, so daß sich der Teig nicht auflöst, wenn Sie ihn um die Füllung rollen.

Der Strudel

Heizen Sie das Backrohr auf 180° C vor. Auf einem bemehlten Brett oder Wachspapier rollen Sie den Teig zu einer runden Platte, ca 3 mm dick. Streichen Sie die Gemüsefüllung auf den Teig und rollen Sie ihn dann sanft über die Füllung. Den fertig gerollten Strudel lassen Sie sanft auf ein ungefettetes Blech gleiten. Biegen Sie ihn halbmondförmig, drücken Sie die Enden zu und reparieren Sie etwaige Risse, die beim Rollen und Gleiten entstanden sind. Um eine glänzende Kruste zu erzielen, können Sie den Strudel mit einem Eigelb, das mit einem Eßlöffel Wasser verquirlt wurde, bestreichen. Fünf Minuten bei 200° C anbacken, dann die Hitze auf 175° C reduzieren und 25 Minuten weiter backen oder bis das Gebäck leicht gebräunt ist. Vor dem Servieren mindestens eine halbe Stunde abkühlen lassen. Als Beilage eignet sich ein frischer Spinat und Pilzsalat mit einem Knoblauch-Kräuterdressing.

Buttermilch-Pfannkuchen mit Pilzcremefüllung *

16 Portionen

Alle Zutaten sollten Zimmertemperatur haben.

Pfannkuchenteig

1 Tasse Vollkornweizenmehl
1 Ei
3/4 Tasse Buttermilch
1/2 Tasse Wasser
1/4 Teelöffel Meersalz oder Kräutergewürz
2 Eßlöffel frische Butter, geschmolzen

Geben Sie die Zutaten in der oben angegebenen Reihenfolge in einen Mixer. Mixen Sie 30 Sekunden, halten an und rühren darunter. Mixen bis die Mischung glatt ist, ca. 30–60 Sekunden. Verwenden Sie den Teig gleich oder lassen Sie ihn ein bis 2 Stunden stehen, um noch zartere Pfannkuchen zu erhalten.

Pilzcremefüllung

Gedünstete Pilze nach dem Rezept auf Seite 199
2 Eßlöffel frische Butter
2 Eßlöffel Vollkornweizenmehl
1/2 Tasse Wasser
1 Gemüsebrühwürfel
1 Tasse Rahm
1/4 Teelöffel Muskat
2 Eßlöffel frische Butter (nach Wunsch)

Dünsten Sie die Pilze in einer schweren Pfanne (Wok) und stellen Sie sie beiseite.

Bereiten Sie die Cremesoße. Schmelzen Sie die 2 Eßlöffel Butter in einer Pfanne und rühren Sie das Mehl hinein. Geben Sie das Wasser und den Gemüsebrühwürfel dazu und bringen Sie das Ganze zum Kochen. Rühren Sie ständig, um den Würfel aufzulösen und die Soße anzudicken. Dann langsam den Rahm einrühren und erhitzen, damit er dick wird, weiterrühren. Nicht mehr kochen lassen. Geben Sie Muskat dazu, wieder gut rühren. Geben Sie die gedünsteten Pilze in die Soße und stellen Sie die Mischung zum Abkühlen beiseite. Inzwischen die Pfannkuchen backen.

Erhitzen Sie eine kleine Bratpfanne und bestreichen Sie sie leicht mit Butter. Gießen Sie ungefähr 1/4 Tasse des Teiges in die Mitte der Pfanne, drehen Sie dabei die Pfanne sofort, daß der Teig den ganzen Pfannenboden bedeckt. Der Teig darf sich nur kurz setzen, dann soll der Pfannkuchen schon auf den Teller. Wenn alle gebacken sind, geben Sie einige Löffel voll Füllung (nicht zuviel von der Cremesoße) in die Mitte, rollen den Pfannkuchen fest zusammen und legen dann alle in eine leicht gebutterte, feuerfeste Form. Die restliche Soße gießt man über das Ganze. Mit Butterflöckchen belegen und fünf Minuten in den Grill oder Backofen schieben. Dazu paßt eine große Portion grüner Salat mit echtem Frenchdressing.

Kalte russische Rübensuppe * 4 Portionen

2 Bündel große Rüben (rote Beten und/oder weiße Rüben)
frisch gepreßter Saft einer kleinen Zitrone
1 Eßlöffel Honig
2 kleine neue Kartoffeln
2 Gurken
1 Liter Sauerrahm

Diese Rübensuppe sollte früh genug zubereitet werden, damit man sie gut gekühlt servieren kann.

Schneiden Sie das Grünzeug ab und putzen Sie die Rüben mit eine Bürste. Geben Sie sie in einen großen Suppentopf und bedecken Sie sie mit Wasser. Bringen Sie sie zum Kochen und köcheln Sie sie, bis sie weich sind, ca. 1/2 Stunde. (Garprobe mit scharfem Messer machen). Lassen Sie die Rüben im Wasser abkühlen. Nehmen Sie sie aus dem Topf und bewahren Sie die Flüssigkeit auf. Schälen Sie die Rüben und reiben Sie sie auf einer groben Raffel in die Flüssigkeit. Geben Sie den Zitronensaft dazu. Erhitzen Sie in einem kleinen Extratopf 1/4 Tasse der Rübenbrühe, geben Sie den Honig dazu und rühren Sie, bis er sich aufgelöst hat. Schütten Sie diese süße Mischung in die Suppe, rühren Sie gut um und geben Sie das Ganze für einige Stunden oder über Nacht in den Kühlschrank.

Eine halbe Stunde vor dem Servieren dämpfen Sie die Kartoffeln in einem Dämpfer, bis sie weich sind. Schälen und würfeln Sie die Gurke und stellen Sie sie beiseite. Geben Sie eine Tasse Sauerrahm in die Suppe und mischen Sie gut durch.

Vor dem Servieren geben Sie zwei oder drei der kochend heißen Kartoffeln – in Viertel geteilt – in vier verschiedene Suppenschalen. Löffeln Sie die eiskalte Suppe über die heißen Kartoffeln. Geben Sie die gewürfelte

Gurke (eine halbe Gurke pro Person) in die Schalen. Oben drauf einen Klecks Sauerrahm und extra Sauerrahm auf den Tisch, so daß sich jeder nach Bedarf bedienen kann.

So eine Rübensuppe ist mit ihren gegensätzlichen Zutaten eine herzhafte und sättigende Mahlzeit. Reichen Sie sie als Hauptgericht zusammen mit geröstetem Knoblauchtoast oder frischem Roggentoast und einem Spinat- und Pilzsalat. Ihre Gäste werden begeistert sein.

Knuspriger Knoblauchtoast * 6–8 Portionen

3 Knoblauchzehen
1/2 Tasse weiche Butter
12 Scheiben Vollkornbrot

Heizen Sie den Grill vor. Verwenden Sie eine Presse für den Knoblauch und drücken Sie ihn in eine Schüssel. Geben Sie die weiche Butter dazu und schlagen Sie sie mit einer Gabel durch. Streichen Sie die Knoblauchbutter auf die Brotscheiben und legen Sie sie auf eine Grillpfanne. Stellen Sie sie 5 Minuten unter die Hitze, bis das Brot goldfarben, aber nicht zu braun getoastet ist.

Leicht abkühlen lassen und jede Scheibe quer teilen.

Gefüllter Kürbis (länglich) * 4–6 Portionen

Am Erntedankfest wollten wir gern etwas Gefülltes essen. Eines Tages fanden wir beim Einkaufen einen besonders großen türkischen Kürbis. Er sah aus wie ein Butternußkürbis, war aber viel viel größer. Als wir ihn aufschnitten, fanden wir eine große Höhle mit Samen gefüllt. Als wir die Samen entfernt hatten, hatten wir unsere Höhlung für die Füllung. Sie können dieses Gericht als Teil eines Buffets zubereiten, zusammen mit Succotash-Taschen oder französischem Gemüsestrudel, heißem Honigmaisbrot und einem köstlichen großen Salat. Diese Art von Festtagsmahl ist etwas ganz Besonderes. Elegant und festlich, aber doch richtig zusammengestellt und leicht verdaulich.

1 großer türkischer Kürbis oder irgendein anderer großer Kürbis, der nicht zu wäßrig sein sollte
12 Scheiben Vollkornbrot
1/2 Tasse frische Butter
1 Stange Sellerie
1 Zwiebel
1 Knoblauchzehe (nach Wunsch)
1/2 Teelöffel getrockenter Salbei
1/4 Teelöffel Thymian
1/4 Teelöffel Kräutergewürz
1 Gemüsebrühwürfel
1/2 Tasse kochendes Wasser

Schneiden Sie einen großen Kürbis der Länge nach auf und kratzen sie die Samen aus der Höhle. Beiseite stellen und die Füllung vorbereiten.

Legen Sie die Brotscheiben auf ein großes Backblech und schieben Sie es für 15–20 Minuten ins Backrohr (200°C). Dadurch trocknet das Brot aus, wodurch die Füllung besser zusammenhält.

In der Zwischenzeit wird die Butter in einer großen schweren Pfanne (Wok) geschmolzen.

Hacken Sie den Sellerie und die Zwiebel grob, den Knoblauch fein und geben Sie alles in die Butter. Solange bei niedriger Mittelhitze dünsten, bis der Sellerie weich und die Zwiebel glasig ist. Schneiden Sie das Brot in kleine Würfel und geben Sie es zum Gemüse. Einige Minuten unter häufigem Rühren dünsten, bis das Brot gut mit der geschmolzenen Butter überzogen ist. Dann Salbei, Thymian und Kräutergewürz zugeben. Lösen Sie den Gemüsebrühwürfel in kochendem Wasser auf und geben Sie ihn in die Füllung, wobei alle Zutaten gut befeuchtet werden sollen. Gut mischen.

Jetzt kann der Kürbis gefüllt werden. Heizen Sie das Rohr auf 200° C vor. Füllen Sie beide Höhlungen so gut wie möglich und fügen Sie sie dann vorsichtig zusammen. Mit einer Schnur fest zusammenbinden. Geben Sie den Kürbis in eine große Bratpanne oder in eine flache feuerfeste Kasserole, falls Sie eine so große haben. Backen Sie den Kürbis 1 1/2 Stunden oder bis er sehr weich ist.

Vor dem Servieren die Schnur abnehmen und den Kürbis öffnen, dabei die Füllung mit einer Gabel etwas lockern. Sie können den Kürbis auf eine große Platte legen oder in der Form lassen und so auf den Tisch bringen. Sie können ihn aber auch mit der Füllung auskratzen und alles zusammen in einer großen Servierschüssel mischen.

Diese Geschmacksrichtung ist außergewöhnlich. Als Hauptgericht reicht der gefüllte Kürbis für 4–6 Personen, als Beilage (Nebengericht) für 8–10.

Bohnenloser Burrito*

6-8 Personen

Obgleich wir diese Reis- und gemüsegefüllte Tortilla »Burrito« nennen, ähnelt sie einem Burrito nur insofern, als sie genauso gewickelt ist. Immer wenn ich dieses Gericht zubereite, mache ich eine große Menge. Die Burritos sind leicht, man kann eine Menge davon essen. Sie schmecken am nächsten Tag kalt noch genau so gut.

2 Tassen gedämpfter brauner Reis
2 Eßlöffel Distelöl
1 kleine Zwiebel, fein gehackt
2 Tassen fein gehackte Karotten
2 Tassen gehackter Blumenkohl
1 Tasse frische oder gefrorene Erbsen
2 Tassen gehackte Bok Choy-Blätter oder Kohlblätter
2 Tassen gehackte Pilze (nach Wunsch)
1/4 Teelöffel Majoran
3 Eßlöffel Sojasoße
1 Tasse Wasser
3 Eßlöffel Johannisbrotkernmehl
12 Vollkorntortillas oder Chapatis

Bereiten Sie den braunen Reis nach dem Rezept »perfekter brauner Reis« (siehe Seite 279) zu. Erhitzen Sie das Distelöl in einer großen Pfanne. Geben Sie die Zwiebel hinein und dünsten Sie sie weich. Dann die Karotten dünsten. Blumenkohl, Erbsen, Bok Choy oder Kohl, sowie die Pilze hintereinander zugeben, jedesmal kurz dünsten. Die ganze Mischung zusammen 5–10 Minuten dünsten oder bis das Gemüse weich ist. Dann den Majoran, die Sojasoße und das Wasser zugeben, zum Kochen bringen, zudecken und bei niedriger Hitze dämpfen, bis alles Gemüse weich ist, ca. 10 Minuten lang. Wenn das Gemüse gar und der Reis fertig gedämpft ist, wird alles zusammengemischt und das Johannisbrotkernmehl hineingerührt. Dies hilft die Mischung zusammenzuhalten.

Jetzt können Sie die Burritos zusammenfügen. Die Tortillas werden – eine nach der anderen – in einer heißen, trockenen Bratpfanne einige Sekunden auf jeder Seite erhitzt.

Sie dürfen nicht knusprig werden. Legen Sie die heiße Tortilla auf ein Stück Plastikeinwickelpapier (ca. 30 cm). Bestreichen Sie die Tortilla mit ein bißchen weicher, frischer Butter, wenn Sie wollen. Geben Sie 5 oder 6 gehäufte Eßlöffel der Reis-Gemüsemischung in die Mitte der Tortilla. Schlagen Sie die Seiten nach innen und rollen Sie die Tortilla um die Füllung. Wickeln Sie den Burrito fest in das Plastikmaterial und wiederholen Sie den Vorgang mit allen restlichen Tortillas.

Die Burritos sind am leichtesten aufzubewahren und zu servieren, wenn Sie sie in der Plastikhülle belassen. Sie sind ein großartiges Partygericht und können gut im voraus, ja, sogar am Tag vorher zubereitet werden. Sie brauchen dazu nur noch eine große Portion Salat, oder wenn sie Teil eines Buffets sind, können Sie einen Erbsen-Karottensalat, eine Brokkolicremesuppe oder einen Maiseintopf ohne Milchprodukte dazu reichen.

Gemüsetempura

Für eine »Tempura« sind eine ganze Menge Gemüsesorten geeignet. Karotten, Brokkoli, grüne Bohnen, Kartoffeln, Zucchini, um nur einige zu nennen. Wenn Sie Gemüse wie Brokkoli, Blumenkohl usw. verwenden, sollten Sie Ihren Tempurateig eher dünnflüssig machen. Für Karotten und grüne Bohnen sowie andere weiche Gemüsesorten kann der Teig dicker und cremiger sein. Gemüsetempura paßt sehr gut zu einer Suppe und einem Salat. Eine ungewöhnliche und überraschend köstliche Tempura wird mit Karotten zubereitet.

1 Ei, verschlagen
2 Tassen Vollkornweizenmehl
1/2 Teelöffel Meersalz oder Kräutergewürz
2 1/2 Tassen Eiswasser
mehrere Karotten oder einige Pfund Karotten, je nach Menge der Leute
ca. 1 1/4 l Distelöl

Mischen Sie die ersten vier Zutaten zu einem Teig, den Sie kühl stellen, während Sie die Karotten in Scheiben schneiden. Für diese Tempura müssen die Karotten der Länge nach und sehr dünn geschnitten werden. Schneiden Sie jede Karotte in ca. 7 cm lange Stücke und schneiden Sie jedes Stück in lange dünne Streifen, etwas dicker als Zündhölzer.

Wenn alle Karotten geschnitten sind (es sollte eine große Menge sein, denn Sie sind schnell verzehrt, wenn sie auf den Tisch kommen) erhitzen Sie das Öl in einem großen Wok. Das Öl ist heiß genug, wenn der Teig beim Hineintropfen sofort zischt.

Geben Sie einige Karotten in den Teig und heben Sie sie dann mit einem Sieblöffel in das heiße Öl. Während des Backens sinken sie und steigen dann wieder an die Oberfläche. Wenn sie oben und goldbraun sind, werden sie herausgenommen und auf Papiertücher gelegt. Man serviert die Tempura heiß mit Schüsseln von Tamari, Sojasoße oder chinesischem Salatdressing.

Auf die gleiche Weise können Sie alle Gemüsesorten, die Sie zu verwenden wünschen, zubereiten. Zum Beispiel Tempura-Brokkoliröschen. Zucchini, in fingerlange Scheiben geschnitten, oder Scheiben von süßen Kartoffeln eignen sich gut. Auch Zwiebelringe, Pilzkappen oder grüne Bohnen. Allerdings nicht mehr als drei Gemüsesorten in ein und derselben Tempura zu einer Mahlzeit.

Frühlingsrollen mit Gemüse gefüllt * 18 Portionen

Bereiten Sie die Füllung für Ihre Frühlingsrollen frühzeitig vor, so daß sie kalt und leicht zu handhaben ist, wenn Sie sie benötigen.

2 Bündel Schalotten
3 Karotten
20 Erbsenschoten
4 Stangen Bok-Choy oder Kohl/Spinat
2 Eßlöffel naturbelassenes Distelöl
6 Tassen frische Bohnensprossen
1/2 Tasse kochendes Wasser
1 Gemüsebrühwürfel
4 Eßlöffel Sojasoße
2 Eßlöffel kaltes Wasser
1/4 Teelöffel Knoblauchpulver (nach Wunsch)
1 Eßlöffel brauner Reisessig (nach Wunsch)
1 Paket Frühlingsrollenteig oder Vollkornblätterteig
1 Teelöffel naturbelassener Honig (nach Wunsch)
ca. 1 1/4 l naturbelassenes Distelöl

Bereiten Sie das Gemüse vor. Schneiden Sie die Schalotten der Länge nach in dünne Scheiben, die Karotten in kleine erbsengroße Würfelchen. »Julienne« die Erbsen und hacken Sie den Bok-Choy unter Verwendung des grünen Blattes sehr fein. Erhitzen Sie die 2 Eßlöffel Öl in einer großen schweren Pfanne oder einem Wok. Geben Sie die Schalotten dazu und braten Sie sie unter Rühren (anbraten). Geben Sie die Karotten und die Erbsen hinein und braten Sie nach jeder Zugabe unter Rühren weiter. Dann den Bok-Choy ebenfalls unter Rühren braten und zuletzt die Bohnensprossen. Gut mischen, damit sich das Gemüse gut miteinander verbindet. Geben Sie dann 1/2 Tasse kochendes Wasser, in das Sie die Gemüsebrühwürfel aufgelöst haben, dazu. Dann die Sojasoße (2 Eßlöffel) dazu, gut mischen, zudecken und ungefähr 5 Minuten dämpfen oder bis das Gemüse ziemlich weich ist. Es sollte nicht völlig gar sein, da es in den Frühlingsrollen weiterkocht. Mischen Sie den Reisessig sowie den Honig und die restlichen zwei Eßlöffel Sojasoße zusammen und geben Sie diese Mischung zum Gemüse. Zum Kochen bringen und solange rühren, bis die Soße ziemlich dick ist. Diese Füllung darf nicht fließen. Abkühlen.

Jetzt können die Frühlingsrollen hergestellt werden. Stellen Sie eine kleine Schale mit kaltem Wasser bereit, um die Ränder zu verschließen. Geben Sie eine reichliche Menge der Füllung auf die Frühlingsrollen. Je nachdem, ob sie die Frühlingsrollen dick oder dünn wollen, verwenden Sie etwas mehr oder etwas weniger Füllung. Rollen sie entweder von Rand zu Rand, wobei Sie die Seiten zuerst einschlagen müssen, oder von Ecke zu Ecke. Der äußere Rand wird durch Anfeuchten mit Wasser verklebt. Legen Sie die fertigen Rollen beiseite. Im Backofen bei 200° C etwa 12 Minuten backen.

Leichter »Chow Mein« *

4–6 Portionen

Ein knappes halbes Pfund Vollkornweizenspaghetti (japanische Nudeln, wie z.B. brauner Reis, Buchweizen-Nudeln, sie alle sind für dieses Gericht bestens geeignet.)

Ein knappes halbes Pfund (3 Tassen) lange Mungobohnensprossen
2 Eßlöffel leichte Sojasoße
2 Eßlöffel Tamari
1 Eßlöffel weißes oder gelbes Miso
1/2 Teelöffel geröstetes Sesamöl (nach Wunsch)
2 Eßlöffel naturbelassenes Distelöl
1 mittelgroße Zwiebel, in Scheiben geschnitten
4 Tassen Bok-Choy-Grün (oder Kohl/Spinat), grob gehackt
1/2 Teelöffel Kräutergewürz (nach Geschmack)

Kochen Sie die Nudeln nach den Anweisungen auf der Packung. Spülen Sie sie kalt ab und stellen Sie sie beiseite. Blanchieren Sie die Sprossen eine Minute in kochendem Wasser. Lassen Sie sie gut abtropfen und stellen Sie sie beiseite. Erhitzen Sie einen Wok bei hoher Mittelhitze. Geben Sie die Sojasoße, das Tamari, das Miso und das Sesamöl zusammen und stellen Sie die Mischung beiseite. Geben Sie das Distelöl in den Wok und drehen Sie ihn, um die Seiten mit Öl zu bedecken. Geben Sie die Zwiebel hinein und braten sie sie, bis sie glasig wird. Dann kommt das Bok-Choy-Grün dazu, das gebraten wird, bis es eine kräftige grüne Farbe angenommen hat. Geben Sie die Nudeln dazu und mischen Sie gut durch. Dann die Bohnensprossen dazugeben und weitermischen. Gießen Sie die Soße über die Mischung und mischen Sie noch einmal gut. Würzen Sie mit Kräutergewürz und frisch gemahlenem Pfeffer, wenn Sie wollen.

Kapitel 13

Nußmilchgetränke, Shakes und Gefrorenes

Nuß- und Mandelmilch **** — 2 Tassen

Dies ist das Grundrezept für Nuß- und Samenmilch. Sie können es füt Mandeln, Sesam, Cashewnüsse oder Sonnenblumenkerne verwenden. Die Milch hält sich 2~8 Stunden im Kühlschrank, schmeckt allerdings frisch am besten. Sie setzt sich während des Kühlens etwas, muß also vor der Verwendung gut geschüttelt werden. Wenn Sie die Milch kalt wünschen, aber keine Zeit zum Kühlen haben, können sie 3 oder 4 Eiswürfel anstelle einer halben Tasse Wasser verwenden.

1/2 Tasse geschälte Mandeln oder ungeschälter Sesam
2 Teelöffel Ahornsirup oder Imkerhonig (nach Wunsch)
2-2 1/2 Tassen Wasser, je nach dem wie stark konzentriert Sie die Milch wünschen

Ein Sieb mit mehreren Schichten eines feuchten Mulltuches auslegen. Die Nüsse oder Samen in den Mixer geben. (Sie können sie mehrere Stunden oder über Nacht einweichen, aber es ist nicht erforderlich. Um die Mandeln zu schälen, geben Sie sie einfach in einen Topf kochendes Wasser (I Min.). Die Haut läßt sich dann leicht ablösen. Süßungsmittel und eine Tasse Wasser zugeben. Auf der höchsten Stufe so lange pürieren, bis eine cremige Masse entsteht. Dann das restliche Wasser zufügen und einige Minuten weiterpürieren. Gründlich abseihen. Bleibt zu viel Mandelmasse im Sieb, haben Sie nicht lange gemug püriert. Dann sollte mit einer nochmaligen Wasserzugabe weiter püriert werden.

Dattel- oder Erdbeermandelmilch-Shake ****

1 große Tasse

1 Tasse frische Mandelmilch (siehe oben)
2 gefrorene Bananen
6 entkernte Datteln oder 6 frische oder gefrorene Erdbeeren

Mandelmilch und Früchte in den Mixer geben. Pürieren, bis eine dicke Creme entsteht. Soll der Shake dünnflüssiger werden, verwenden Sie nur 1 1/2 Bananen. Ergibt einen großen Shake.

Anmerkung:
Wenn Ihnen diese Shakes schmecken, sollten Sie immer gefrorene Bananen auf Vorrat haben. Diese Shakes sind nahrhaft und ein ausgezeichneter Ersatz für Eiscreme-Shakes oder Eiweißgetränke. Kinder und Erwachsene lieben sie.

Frische Mandelmilch **** 1 große Tasse

1/4 Tasse rohe Mandeln
1 Tasse kaltes Wasser
2 Teelöffel reiner Ahornsirup (nach Wunsch)

Nuß- und Samenmilchgetränke wurden in Europa und Asien und von den amerikanischen Indianem jahrhundertelang verwendet und werden heute noch auf der ganzen Welt als leichtverdaulicher Ersatz für Tiermilch benützt. Die aus Mandeln oder Sesam hergestellte Milch ist eine ausgezeichnete Quelle für leicht aufnehmbares Kalzium und ist von köstlichem Geschmack.

Um die Mandeln von der Haut zu befreien, gibt man sie für 30 Sek. in eine große Pfanne, die ca. 1 cm mit kochendem Wasser gefüllt ist. Abtropfen lassen und Häute entfernen. Die geschälten Mandeln mit einer Tasse kaltem Wasser in den Mixer geben und 2-3 Minuten bei höchster Geschwindigkeit pürieren, bis sich eine dicke weiße Milch gebildet hat. Wenn Sie die Milch so trinken wollen, sollte sie durchgeseiht werden. Enthält sie zu viel Masse, wurde sie nicht lange genug püriert. Wenn Sie die Milch als Mix-Getränk zu sich nehmen wollen, muß sie nicht abgeseiht werden.

Fruchtmischgetränke sind der ideale Ausklang nach einem Obsttag. Wir empfehlen sie allerdings nicht an einem Tag, an dem Sie gekochte Nahrung zu sich genommen haben.

Himmlischer Bananen-Shake **** 1-2 Portionen

1 Tasse Mandelmilch
2-21/2 gefrorene Bananen (je nachdem, wie dick und ergiebig der Trunk werden soll)
2 Teelöffel Ahornsirup
1/8 Teelöffel frisch geriebene Muskatnuß (nach Wunsch)

Geben Sie die Mandelmilch in den Mixer. Fügen Sie die gefrorenen Bananen in kleinen Stückchen bei laufender Maschine zu, bis der Trunk dick genug ist. Dann Ahornsirup und Muskat zufügen. Noch einmal kurz pürieren.

Carob-Shake **** 1-2 Portionen

I Tasse Mandel- oder Sesammilch
2 gefrorene Bananen
2 Teelöffel Ahornsirup
1 Eßlöffel ungesüßtes, geröstetes Johannisbrotpulver

Mandelmilch, gefrorene Bananen, Ahomsirup und Johannisbrotpulver in den Mixer geben. Pürieren, bis die Mischung cremig geworden ist.

Regenbogencreme **** 3 Portionen

Für diese fantastische Eiscreme benötigen Sie einen Champion-Entsafter. Schon diese Creme allein rechtfertigt die Anschaffung!

1 1/2 Tassen gefrorene Mango- oder Papayawürfel
12 gefrorene Erdbeeren
2 gefrorene Bananen

Den Champion-Entsafter mit dem undurchlässigen Einsatz verwenden. Die gefrorenen Früchte in der angegebenen Reihenfolge in den Einfüllstutzen geben. Sofort servieren. Eignet sich auch als Garnierung Ihres Lieblingsfruchtsalates.

Eis von Früchten auf Himbeermus ****

Fruchteis kann auf einfache Weise mit einem Champion-Entsafter hergestellt werden. Gefrorenes Obst oben rein, und heraus kommt ein herrliches gefrorenes Dessert, ohne Chemikalien, Zusätze, Milchprodukte oder Zucker! Alle beliebigen gefrorenen Früchte können verwendet werden: Melonen, Bananen, Erdbeeren, was auch immer Sie wollen. Sie können kombiniert oder für sich alleine verwendet werden. Wenn Sie keinen Entsafter besitzen, können Sie auch Ihre Küchenmaschine oder einen Mixer verwenden.

Noch einige allgemeine Ratschläge

Einfache grundlegende Grundsätze

- Trinken Sie frische Obst- und Gemüsesäfte auf leeren Magen langsam in kleinen Schlückchen (niemals eiskalt).
- Essen Sie Obst für sich allein auf leeren Magen.
- Essen Sie jeden Tag eine Salatmahlzeit.
- Stellen Sie Ihre Nahrung richtig zusammen.
- Essen Sie Nahrung mit hohem Wassergehalt.
- Verwenden Sie nur reine, frische, unbearbeitete Lebensmittel.
- Machen Sie jede Mahlzeit zu einem freudigen Erlebnis.

Auf Ihrem Weg zu Gesundheit und Wohlbefinden hat Ihnen dieses Buch eine Menge neuer Informationen gebracht. Denken Sie immer an die Wichtigkeit der Säfte. Machen Sie es sich zur Gewohnheit, Ihre üblichen Getränke durch Säfte zu ersetzen. Nehmen Sie bewußt energiespendende Frucht- und nährstoffreiche Gemüsesäfte zu sich. Sie können Ihren Körper dazu bringen, nach solchen Getränken statt nach Kaffee, Tee, Alkohol oder anderen süchtigmachenden Getränken zu verlangen.

Denken Sie immer daran, Obst auf leeren Magen zu essen. Obst und seine Säfte werden Ihnen helfen, Ihren Körper von Übergewicht zu befreien. Ihre Haut wird von Schönheitsfehlern befreit. Sie werden strahlend, statt abgespannt und müde aussehen.

Essen Sie viel Salate – ihr hoher Wassergehalt kommt gleich nach dem Obst. Werden Sie ein Salatfan. Essen Sie jeden Tag Salat. Ersetzen Sie schwere Speisen durch Salate.

Achten Sie auf die richtige Zusammenstellung Ihrer Nahrung. Essen Sie Obst für sich allein. Wenn Sie Eiweiß in einer Mahlzeit haben, kombinieren Sie es mit Salat oder gedämpftem Gemüse. Essen Sie Kohlenhydrate ebenfalls mit Gemüse oder Salat zusammen. Vermeiden Sie die Kombination von Eiweiß und Kohlenhydraten. Solche Zusammenstellungen verlangsamen den Verdauungsprozeß und belasten Ihre Gesundheit.

Verwenden Sie bei der Zubereitung Ihrer Mahlzeiten reine Zutaten. Vermeiden Sie alle raffinierten und chemisch behandelten Nahrungsmittel.

Verwenden sie frisches Obst und frisches Gemüse anstatt Konserven und Tiefkühlware. Vermeiden Sie weißen Zukker, weißes Mehl und weißen Reis.

Experimentieren Sie mit den vorgestellten Rezepten. Ersetzen Sie die vorgeschlagenen Zutaten durch Zutaten Ihrer eigenen Wahl. Flexibilität ist ein Vorteil einer gesunden Ernährung. Sie sind an keine vorgeschriebenen Regeln gebunden.

Sie können sich den Jahreszeiten und Ihrem eigenen Geschmack anpassen. Nutzen Sie die Vorteile des großen Angebotes an Salaten und entwickeln Sie Ihre eigenen Ideen. Wenn es Sie nach einer herkömmlichen Mahlzeit gelüstet, machen Sie Gebrauch von den Übergangsrezepten in den Kapiteln 8-12.-

Im Anschluß finden Sie einige Übersichtstabellen über den Kaloriengehalt, Eiweißgehalt, Vitalstoff-, Vitamin- und Mineralienanteil von gängigen Lebens- und Nahrungsmitteln.

»Möge jeder Tag Ihres Lebens gesünder sein als der Tag zuvor.«

Eiweißkalorienanteil verschiedener Lebensmittel

Hülsenfrüchte

»Garbanzo«-Bohnen (Kichererbsen)	23 %
Grüne Erbsen	28 %
»Kidney«-Bohnen	26 %
Limabohnen	26 %
Linsen	29 %
Mungobohnensprossen	43 %
»Navy«-Bohnen	26 %
Sojabohnen	35 %
Sojabohnenquark (Tofu)	43 %
Sojabohnensprossen	54 %
Sojamehl	35 %
Sojasauce	33 %

Gemüse

Artischocken	22 %
Auberginen	21 %
Bataten, Yamswurzeln	8 %
Blätter (Kraut) von weißen Rüben	43 %
Blumenkohl	40 %
Bohnen, grüne	26 %
Brokkoli	45 %
Chinakohl	34 %
Erbsen, grüne	30 %
Gurken	24 %
Kartoffeln	11 %
Kohl	22 %
Kohl (Kraus-, Grünkohl)	45 %
Kresse	46 %
Kürbis	12 %
Löwenzahnblätter	24 %
Paprika, grüner	22 %
Petersilie	34 %
Pilze	38 %
Rosenkohl	44 %
Rüben, rote	15 %
Sellerie	21 %
Senfblätter	39 %
Spinat	49 %
Spinat, Neuseeländer	47 %
Süßkartoffeln	6 %
Tomaten	18 %
Zucchini	28 %
Zwiebeln	16 %

Körner

Buchweizen	15 %
Gerste	11 %
Hafermehl	15 %
Hirse	12 %
Reis, brauner	8 %
Reis, wilder	16 %
Roggen	20 %
Weizen (hart, rot)	17 %
Weizenkeime	31 %

Früchte

Äpfel	1 %
Ananas	3 %
Aprikosen	8 %
Bananen	5 %
Brombeeren	8 %
Cantaloupe Melonen	9 %
Erdbeeren	8 %
Grapefruits	5 %
Honigmelonen	10 %
Kirschen	8 %
Orangen	8 %
Papaya	6 %
Pfirsich	5 %
Tangerinen	7 %
Trauben	8 %
Wassermelonen	8 %
Zitronen	16 %

Nüsse und Samen

Cashews	12 %
Erdnüsse	18 %
Haselnüsse	8 %
Kürbiskerne	21 %
Mandeln	12 %
Sesam	13 %
Sonnenblumenkerne	17 %
Walnüsse, schwarz	13 %

Aus »**Nutritive Value of American Foods in Common Units,** U.S.D.A. Agriculture Handbook No. 45

Eisengehalt verschiedener Lebens- und Nahrungsmittel

(in Milligramm pro 100 Kalorien)

Erdbeeren	2,7
Cheddarkäse	0,1
Grapefruit	1,1
Gurke	0,6
Hackfleisch, mager	1,1
Hühnerbrust	0,8
Hüttenkäse, weniger als	0,1
Kohl	2,4
Kopfsalat	3,8
Limabohnen	2,3
Milch, weniger als	0,1
Paprika, grüner	3,3
Spinat	11,3
Steak, mager	1,9

Faseranteil verschiedener Lebens- und Nahrungsmittel

Lebensmittel	**Faser g/kg**
Äpfel	5.3
Blattsalat, Kopfsalat	6.3
Blaubeeren	15.2
Gurken	5.7
Haferflocken	13.5
Karotten, gekochte	9.6
Kürbis	12.0
Mangold	6.8
Reis, brauner	8.1
Rosenkohl	13.5

Nahrungsmittel	**Faser g/kg**
Cheddarkäse	0
Eier	0
Hackfleisch	0
Hühnchen	0
Lachs	0
Lammkoteletts	0
Meeresbarsch	0
Schweinekoteletts	0
Steak	0
Vollmilch	0

Nährwertvergleich von Sojamilch gegenüber Kuhmilch und Muttermilch

	Sojamilch	Kuhmilch	Muttermilch
Asche	0.62	0.7	0.20
Eisen	1.5	0.1	0.2
Fett	2.5	3.3	3.1
Kalorien	52.0	59.0	62.0
Kalzium (mg)	18.5	100.0	35.0
Kohlenhydrate	3.8	4.5	7.2
Natrium	2.5	36.0	15.0
Niacin	0.62	0.20	0.2
Phosphor	60.3	90.0	25.0
Protein (Eiweiß)	4.4	2.9	1.4
Riboflavin (B_2)	0.02	0.15	0.03
Thiamin (B_1)	0.04	0,04	0,02
Wasser (Gramm)	88.6	88.6	88.6

Rückstand an Pestiziden in der Nahrung

DDT-, DDE- und TDE-Rückstände in Millionsteln

Blattgemüse	0,036
Fleisch, Fisch und Geflügel	0,281
Früchte	0,27
Hülsenfrüchte	0,026
Kartoffeln	0,003
Körner und Getreideprodukte	0,008
Milchprodukte	0,112
Öle und Fette	0,041
Wurzelgemüse	0,007

1964–68 Höhe der DDT-, DDE- und TDE-Rückstände

Vitalstoff-Übersicht

Vitalstoffe	Einwirkung auf den Körper
Bioflavomide	Stärkt die Kapillaren
Cholin	Wichtig für die Nerven, Verstoffwechslung von Fetten. Unterstützt die Funktionen der Leber und Gallenblase.
Folsäure	Wichtig für die Bildung von roten Blutkörperchen. Unterstützt die Verstoffwechslung von Eiweiß.
Inositol	Notwendig für die Bildung von Lezithin, das für die Verarbeitung von Fetten und Cholesterin notwendig ist. Wichtig für das Haarwachstum.
Niacin (Nikotinsäure)	Erhält die Gesundheit der Haut, Zunge und des Verdauungssystems. Wichtig für den Aufschluß von Kohlenhydraten, Fetten und Eiweiß
PABA (Para-Amino-Benzoe-Säure)	Unterstützt Bakterien bei der Produktion von Folsäure. Agiert als Co-Enzym bei dem Abbau von Eiweiß. Notwendig für die Bildung von roten Blutkörperchen. Wirkt als Sonnenschutzfaktor.
Pantothensäure	Hilfe bei der Bildung von Fetten und trägt zur Energiegewinnung aus Kohlenhydraten, Fetten und Eiweiß bei. Verbessert die Widerstandskräfte des Körpers gegen Streß.

Mangelsymptome	Quellen
Neigung zu leichten Blutungen und Quetschungen	Zitrusfrüchte, schwarze Johannesbeeren
Fettleber, Nierenbluten, Bluthochdruck	Salate und Grüngemüse
Schlechtes Wachstum, Anämie (Blutarmut), Vitamin-B_{12}-Mangel	Grüne Salate und Gemüse, Spargel,Brokkoli, Keimlinge, Wurzelgemüse, Rosenkohl
Verstopfung, Ekzem, Haarausfall, hoher Cholesterinspiegel	Zitrusfrüchte, grüne Salate, Gemüse
Hautkrankheiten, Nervosität	Datteln, Brokkoli, Gartenkräuter
Müdigkeit, Reizbarkeit, Depressionen, Nervosität, Verstopfung, Kopfschmerzen, Verdauungsstörungen, Ergrauen der Haare	Spargel, Brokkoli, Sprossen, Wurzelgemüsearten, Rosenkohl, dunkelgrünes Gemüse
Erbrechen, Ruhelosigkeit, Magenbeschwerden, erhöhte Infektionsgefahr	Brokkoli, Kohl, Blumenkohl

Vitamin-Übersicht

Vitamine	Einwirkung auf den Körper
Vitamin A	Notwendig für Wachstum und die Regeneration von Körpergewebe, Augen sowie für eine gute Sehschärfe. Macht gegen Infektionen immun und erhält ein gesundes Epithel-Gewebe; unterstützt die Knochen- und Zahnbildung.
Vitamin-B-Komplex	Notwendig für den Aufschluß von Kohlenhydraten, Fetten und Eiweiß. Unterstützt das Nervensystem und den Muskeltonus im Magen-Darm-Trakt.
Vitamin B_1	Erhält die Gesundheit der Haut, des Haares, der Augen, des Mundes und der Leber. Notwendig für den Kohlenhydratmetabolismus. Erhält das Nervensystem gesund. Stimuliert das Wachstum und den Muskeltonus.
Vitamin B_2	Notwendig für den Metabolismus von Kohlenhydraten, Fetten und Eiweiß. Notwendig für die Bildung von Antikörpern und roten Blutkörperchen. Unterstützt die Atmung.
Vitamin B_6 (Pyroxidin)	Notwendig für den Metabolismus von Kohlenhydraten, Fetten und Eiweiß. Notwendig für die Bildung von Antikörpern. Hält das Natrium-Phosphor-Gleichgewicht aufrecht.
Vitamin C	Unterstützt die Kollagenbildung, die Wundheilung, Narbenbildung und Knochenbildung (bei Brüchen). Stärkt die Blutgefäße. Erhöht die Widerstandskräfte gegen Streß.
Vitamin E	Schützt fettlösliche Vitamine und die roten Blutkörperchen. Wichtig für die Zellatmung. Verhindert die Blutgerinnung.
Vitamin K	Notwendig für die Blutgerinnung.

Mangelsymptome	Quellen
Nachtblindheit, rauhe, trockene Haut, Müdigkeit, Geschmacks-, Geruchsverlust	Gelbfleischige Früchte und Gemüse
Trockene, rauhe, gerissene Haut; Akne; stumpfes, trokkenes und graues Haar; Appetitmangel; Magenbeschwerden	Keimlinge, grüne Salate, Zitrusfrüchte
Magen-Darm-Probleme, Müdigkeit, Appetitverlust, Nervenstörungen, Herzbeschwerden	Spargel, Bohnen, Ananas, Gartenkräuter
Augenprobleme, Risse und wunde Stellen im Mund, Hautkrankheiten, Wachstumsstörungen, Verdauungsstörungen	grüne Salate und Gemüse, Brokkoli, Spargel, Gartenkräuter
Anämie (Blutarmut), Mundbeschwerden, Nervosität, Muskelschwäche, Hautkrankheiten, Ödeme, Allergien	grüne Salate und Blattgemüse
Zahnfleischbluten, geschwollene oder schmerzende Gelenke, langsame Heilung von Wunden, Knochenbrüchen, Quetschungen, Na senbluten,schlechte Verdauung	Zitrusfrüchte, Alfalfa-Keimlinge, Melonen, Erdbeeren, Brokkoli, grüne Paprika, Tomaten
Bruch von roten Blutkörperchen, Muskelschwund und abnormale Fettansammlungen in den Muskeln.	Lauch, Rosenkohl, Gartenkräuter, Keimlinge, grüne Salate, Gemüse.
Erhöhte Neigung zu Blutungen und Fehlgeburten	Blumenkohl, grüne Salate und Gemüse

Mineralien-Übersicht

Mineralien	Einwirkung auf den Körper
Kalzium	Wichtig für die Entwicklung und den Erhalt von starken Knochen und gesunden Zähnen. Unterstützt die normale Blutgerinnung, Muskelarbeit, Nervenfunktion und Herzfunktion.
Kobalt	Arbeitet als Teil von Vitamin B_{12}. Erhält die roten Blutkörperchen. Aktiviert verschiedene Enzyme im Körper.
Kupfer	Unterstützt die Bildung von roten Blutkörperchen. Teil vieler Enzyme. Arbeitet mit Vitamin C zusammen, um Eiweißzellen (Elastin) zu bilden.
Jod	Wichtiger Teil des Hormons Thyroxin. Wichtig für die Verhinderung von Kropfbildung. Reguliert den Metabolismus und den Energiefluß. Notwendig für das Wachstum.
Eisen	Notwendig für die Hämoglobin- und Myoglobinbildung. Unterstützt den Eiweißmetabolismus. Unterstützt das Wachstum
Magnesium	Agiert als Katalysator beim Aufschluß von Kohlenhydraten, Fetten, Eiweiß, Kalzium, Phosphor und Kalium.
Mangan	Aktiviert die Enzyme. Notwendig für eine normale Skelettbildung. Hält die Bildung von Sexualhormonen aufrecht.

Mangelsymptome	Quellen
Knochenerweichung, Rücken- und Beinschmerzen, brüchige Knochen	grüne Salate und Gemüse
Perniziöse Anämie, Wachstumsprobleme	reife Früchte, grüne Salate und Gemüse
Allgemeine Schwäche, schlechte Zellatmung, Hautempfindlichkeiten	grüne Salate und Gemüse
Schwäche, blasse Haut, Verstopfung, Anämie	Ananas, grüne Blattsalate und Gemüse
Schwäche, Hautblässe, Verstopfung, Anämie	Spargel, Beerenfrüchte, rote Stachelbeeren, Pflaumen, Aprikosen
Nervosität, Muskelreizungen, Zittern	Grüne Salate und Gemüse
Lähmungen, Krämpfe, Schwindel, Bewegungsstörungen und Taubheit bei Kindern	Äpfel, Aprikosen, Ananas, grüne Salate und Gemüse

Eiweißgehalt verschiedener Lebensmittel

Der Kalorienanteil aus Eiweiß ist für das jeweilige Lebensmittel in Klammern angegeben, soweit vorhanden.**

Aprikosen (8%)	Artischocken (22%)
Avocados (5%)	Bambussprossen (39%)
Backpflaumen (4%)	Kraut der Roten Bete (37%)
Bananen (5%)	Mungobohnensprossen (43%)
Birnen (5%)	Spargel (38%)
Brombeeren (+%)	Sprossen*
Cantaloupe-Melonen (9%)	
Erdbeeren (8%)	Blumenkohl (40%)
Feigen (6%)	Brokkoli (45%)
Grapefruits (5%)	Chinakohl (34%)
Honigmelonen (10%)	Gurken (24%)
Kirschen (8%)	Kohl (43%)
Orangen (8%)	Mais, süß (12%)
Papayas (6%)	Rosenkohl
Pfirsiche (65)	Rotkohl (22%)
Trauben (8%)	Sellerie (40%)
Wassermelonen (8%)	Swiss Chard
	Wirsingkohl (22%)
Bucheckern	
Kürbiskerne (21%)	Bohnen, grüne (26%)
Mandeln (12%)	Erbsen, grüne (30%)
Sesamkerne (13%)	Fenchel
	Knoblauchzehe (20%)
Butternüsse (Walnußsorte) (15%)	Kohlrabi (45%)
Cashewnüsse (12%)	Kopfsalat (34%)

Haselnüsse (8%)	Kresse (46%)
Hickorynüsse	Lauch
Kastanien (6%)	Löwenzahn (24%)
Kokosnuß, frisch (4%)	Meerespflanzen (Algen)
Macadamianüsse	Okra (27%)
Paranüsse (9%)	Paprika, grüne (22%)
Pekannüsse (5%)	Paprika, rote (17%)
Pinienkerne (8%)	Petersilie (34%)
Walnüsse (13%)	Pilze (38%)
	Reis, wilder (18%)
Bohnen, große (32%)	Rübenblätter, weiße (43%)
Bohnen, rote (26%)	Senfblätter (39%)
Bohnen, weiße (26%)	Spinat (49%)
Erbsen (28%)	Tausendschön (20%)
Hülsenfrüchte, frisch	Zucchini (28%)
Hülsenfrüchte, getrocknete	
Limabohnen	Buchweizen (15%)
Limabohnen (26%)	Gerste (11%)
Linsen (29%)	Hafer (15%)
Miso	Hirse (12%)
Pinto-Bohnen (26%)	Reis, brauner (8%)
Sojabohnen (35%)	Roggen (20%)
Sojamilch	Triticale
Tofu (43%)	Vollkornweizen (17%)
	Weizenkeime (31%)

Quellenangabe:

Aus Nutritive Value of American Foods in Common Units, USDA Handbook No. 456

* Gekeimte Samen, Bohnen, Körner und Nüsse versorgen uns mit vollständigem Eiweiß, d.h. sie geben uns alle acht essentiellen Aminosäuren. Jede Keimlingsorte enthällt diese Nährstoffkomponenten jedoch in unterschiedlichen Anteilen.

** Unser Eiweißbedarf beträgt nur 2 1/2 bis 8% unserer täglichen Kalorienaufnahme.

Nährstoffzusammensetzung bei ausgewählten Früchten, Salaten und Gemüse

(für je 100 g-Portionen)

	Eiweiß	Fett	Kohlenhydrat	Kalzium	Phosphor
	g	g	g	mg	mg
Ananas	0,4	0,2	13,7	17	8
Äpfel	0,2	0,6	14,5	7	10
Apfelsinen	1,0	0,2	12,2	41	20
Aprikosen	1,0	0,2	12,8	17	23
Artischocken	2,0	0,2	10,6	51	88
Auberginen	1,2	0,2	5,6	12	26
Avocados	2,1	16,4	6,3	10	42
Bananen	1,1	0,2	22,2	18	26
Beeren, süße	1,3	0,3	17,4	22	19
Birnen	0,7	0,4	15,3	8	11
Blattsalat	1,2	0,2	2,5	35	26
Blaubeeren	0,7	0,5	15,3	15	13
Blumenkohl	2,7	0,2	5,2	25	56
Bohnen, Lima	8,4	0,5	22,1	52	142
Bohnen, Mungo	24,2	1,3	60,3	118	340
Bohnen, Mungosprossen	3,8	0,2	6,6	19	64
Bohnen, Pinto	22,9	1,2	63,7	135	457
Bohnen, Snap	1,9	0,2	7,1	56	44
Bohnen, weiße	22,3	1,6	61,3	144	425
Collard	4,8	0,8	7,5	250	82
Crab-Äpfel	0,4	0,3	17,8	6	13
Elderbeeren	2,6	0,5	16,4	38	28
Endiviensalat	1,7	0,1	4,1	181	54
Erbsen, grüne	6,3	0,4	14,4	26	116
Erbsen, mit Schale	3,4	0,2	12,0	62	90
Erdbeeren	0,7	0,5	8,4	21	21
Feigen	1,2	0,3	20,3	35	22
Granatäpfel	0,5	0,3	16,4	3	8
Grapefruits	0,5	0,1	10,6	16	16
Guaven	0,8	0,6	15,0	23	42
Johannisbeeren, schwarze	1,2	0,9	12,9	32	19
Johannisbrot	1,7	0,3	26,2	33	32
Karotten	1,1	0,2	9,7	37	36
Kartoffeln	2,1	0,1	17,1	7	53
Knoblauch	6,2	0,2	30,8	29	202

Eisen	Natrium	Kalium	Vitamin A	Thiamin B_1	Riboflavin B_2	Niacin	Ascorbinsäure
mg	mg	mg	mg	IE	mg	mg	mg
0,5	1	146	70	0,09	0,03	0,2	17
0,3	1	110	90	0,03	0,02	0,1	4
0,4	1	200	200	0,10	0,04	0,4	50
0,5	1	281	2700	0,03	0,04	0,6	10
1,3	43	430	160	0,08	0,05	1,0	12
0,7	2	214	10	0,05	0,05	0,6	5
0,1	4	604	290	0,11	0,20	1,6	14
0,7	1	370	190	0,05	0,06	0,7	10
0,4	2	191	110	0,05	0,06	0,4	10
0,3	2	130	20	0,02	0,04	0,1	7
2,0	9	264	970	0,06	0,06	0,3	8
1,0	1	81	100	0,03	0,06	0,5	14
1,1	13	295	60	0,11	0,10	0,7	78
2,8	2	650	1290	0,24	0,12	1,4	29
7,7	6	1028	80	0,38	0,21	2,6	–
1,3	5	223	20	0,13	0,13	0,8	19
6,4	10	984	–	0,84	0,21	2,2	–
0,8	7	243	600	0,08	0,11	0,5	19
7,8	19	1196	0	0,65	0,22	2,4	–
1,5	–	450	9300	0,16	0,31	1,7	152
0,3	1	110	40	0,03	0,02	0,1	8
1,6	–	300	600	0,07	0,06	0,5	36
1,7	14	294	3300	0,07	0,14	0,5	10
1,9	2	316	640	0,35	0,14	2,9	27
0,7	–	170	680	0,28	0,12	–	21
1,0	1	164	60	0,03	0,07	0,6	59
0,6	2	194	80	0,06	0,05	0,4	2
0,3	3	259	Spuren	0,03	0,03	0,3	4
0,4	1	135	80	0,04	0,02	0,2	38
0,9	4	289	280	0,05	0,05	1,2	242
0,9	1	170	200	0,03	0,04	0,4	21
1,2	15	439	40	0,11	0,03	0,9	29
0,7	47	341	11000	0,06	0,05	0,6	8
0,6	3	407	Spuren	0,10	0,04	1,5	20
1,5	19	529	Spuren	0,25	0,08	0,5	15

	Eiweiß	Fett	Kohlenhydrat	Kalzium	Phosphor
	g	g	g	mg	mg
Kohl	1,3	0,2	5,4	49	29
Krauskohl	6,0	8,0	9,0	249	93
Kumquats	0,9	0,1	17,1	63	23
Lauch	2,2	0,3	11,2	52	50
Linsen	24,7	1,1	60,1	79	377
Mais	8,9	3,9	72,2	22	268
Süßmais	3,5	1,0	22,1	3	111
Melonen, Musk	0,7	0,1	17.5	14	16
Melonen, Wasser	0,5	0,2	6,4	7	10
Nektarinen	0,6	Spuren	17,1	4	24
Okra	2,4	0,3	7,6	92	51
Papayas	0,6	0,1	10,0	20	16
Paprika, grün	1,2	0,2	4,8	9	22
Paprika, rot	3,7	2,3	18,1	29	78
Pastinaken	1,7	0,5	17,5	50	77
Persimonen (Dattelpflaumen), Kaki	0,7	0,4	19,7	6	26
Petersilie	3,6	0,6	8,5	203	63
Pfirsiche	0,6	0,1	19.7	19	19
Pflaumen	0,5	Spuren	17,8	18	17
Pilze	2,7	0,3	4,4	6	116
Rhabarber	0,6	0,1	3,7	96	18
Rote Bete	1,6	0,1	9,9	16	33
Rüben, grüne	2,2	0,3	4,6	119	40
Rüben, grüne	3,0	0,3	5,0	246	58
Rüben, weiße	1,0	0,2	6,6	39	30
Schnittlauch	1,8	0,3	5,8	69	44
Schweizer Kohl	2,4	0,3	4,6	88	39
Sellerie	0,9	0,1	3,9	39	28
Senfblätter	3,0	0,5	5,6	183	50
Spargel	2,5	0,2	5,0	22	62
Spinat	3,2	0,3	4,3	93	51
Squash (Sommerkürbis)	1,1	0,1	4,2	28	29
Stachelbeeren	0,8	0,2	9,7	18	15
Süßkartoffeln	1,7	0,4	26,3	32	47
Tangerinen	0,8	0,2	11,6	40	18
Tomaten	1,1	0,2	4,7	13	27
Wasserkresse	2,2	0,3	3,0	151	54
Weintrauben	1,3	0,1	15,7	16	12
Zitronen	1,1	0,3	18.2	26	16
Zwiebeln, frisch	1,5	0,2	8,2	51	39
Zwiebeln, getrocknet	1,5	0,1	8,7	27	36

Eisen	Natrium	Kalium	Vitamin A	Thiamin B_1	Riboflavin B_2	Niacin	Ascorbinsäure
mg	mg	mg	mg	IE	mg	mg	mg
0,4	20	233	130	0,05	0,05	0,3	47
2,7	75	378	10000	0,16	0,26	2,1	186
0,4	7	236	600	0,08	0,10	–	36
1,1	5	347	40	0,11	0,06	0,5	17
6,8	30	790	60	0,37	0,22	2,0	–
2,1	1	284	490	0,37	0,12	2,2	0
0,7	Spuren	280	400	0,15	0,12	1,7	12
0,4	12	251	3400	0,04	0,03	0,6	33
0,5	1	100	590	0,03	0,03	0,2	7
0,5	6	294	1650	–	–	–	13
0,6	3	249	520	0,17	0,21	1,0	31
0,3	3	234	1750	0,04	0,04	0,3	56
0,7	13	213	420	0,08	0,08	0,5	128
1,2	–	–	21600	0,22	0,36	4,4	369
0,7	12	541	30	0,08	0,09	0,2	16
0,3	6	174	2700	0,03	0,02	0,1	11
6,2	45	727	8500	0,12	0,26	1,2	172
0,5	1	202	1330	0,02	0,05	1,0	7
0,5	2	299	300	0,08	0,03	0,5	–
0,8	15	414	Spuren	0,10	0,46	4,2	3
0,8	2	251	100	0,03	0,07	0,3	9
0,7	60	335	20	0,03	0,05	0,4	10
3,3	130	570	6100	0,10	0,22	0,4	30
1,8	–	–	7600	0,21	0,39	0,8	139
0,5	49	268	Spuren	0,04	0,07	0,6	36
1,7	–	250	5800	0,08	0,13	0,5	56
3,2	147	550	6500	0,06	0,17	0,5	32
0,3	126	341	240	0,03	0,03	3,0	9
3,0	32	377	7000	0,11	0,22	0,8	97
1,0	2	278	900	0,01	0,20	1,5	33
3,1	71	470	8100	0,10	0,20	0,6	51
0,4	1	202	410	0,05	0,09	1,0	22
0,5	1	155	290	–	–	–	33
0,7	10	243	8800	0,10	0,06	0,6	21
0,4	2	126	420	0,06	0,02	0,1	31
0,5	3	244	900	0,06	0,04	0,7	23
1,7	52	282	4900	0,08	0,16	0,9	79
0,4	3	158	100	0,05	0,03	0,3	4
0,6	2	138	20	0,04	0,02	0,1	53
1,0	5	231	2000	0,05	0,05	0,4	32
0,5	10	157	40	0,03	0,04	0,2	10

Über die Autorin

Marilyn Diamond, die zusammen mit ihrem Mann *Harvey* den bisher unerreichten Bestseller »Fit für's Leben« unter den Gesundheits- und Ernährungsbüchern in Amerika und Europa geschrieben hat (Weltauflage 8 Millionen), war 20 Jahre Studentin und Lehrerin der internationalen Küche. Sie schloß ihr Studium an der New Yorker Universität mit höchsten Auszeichnungen ab und hat ein Examen für Ernährungswissenschaften gemacht. Sie ist Leiterin des Institutes für die ernährungsbewußte Küche in Santa Monica, in Kalifornien und Ernährungsberaterin für Kinder und schwangere Frauen. Zu ihren weiteren Aufgaben gehört die Koordination zahlreicher fachbezogener Projekte, wie der Anbau und die Zubereitung von Lebensmitteln, die den Grundsätzen des Fit-für's-Leben-Programms entsprechen. Sie organisiert weiterhin Fit-für's-Leben-Restaurants, Fit-für's-Leben-Clubs und gibt Gesundheitsbriefe heraus.

Nachwort

Manfred G. Langer

Ich wünsche Ihnen mit diesem SonnenKost-Buch viel Vergnügen auf dem Wege zu einer besseren Gesundheit, mehr Lebensfreude und einer größeren Vitalität. Ich persönlich weiß aus meiner Tätigkeit als Gesundheitspraktiker der natürlichen Gesundheitslehre, wie begeistert die Menschen sind, wenn Sie sich auf eine leichtere Kost umstellen. Schon die Umstellung des üblichen morgendlichen Frühstücks mit Brot, Marmelade, Käse, Wurstauflage usw. auf Obst kann Wunder wirken.

Immer mehr Hotels und Restaurants bieten inzwischen neben »Vollwertkost«, die meines Erachtens noch viel zu viel Gekochtes und Gebratenes beinhaltet, auch SonnenKost an, das heißt morgens am Frühstücksbufett finden Sie frisches Obst und Obstsalate. (Achten Sie darauf, daß es keine gezuckerten Obstsalate aus der Konservendose sind!) Zum Mittagessen können Sie die köstlichsten Salatvariationen erhalten (viele Köche sind stolz auf ihre immer neuen Kreationen), und zum Abendessen darf es auch einmal etwas Gedünstetes oder Gebackenes sein (obwohl Obst zur Abendzeit am leichtesten verdaulich ist und Sie am besten danach schlafen können).

Nehmen Sie sich einmal für eine Woche vor, nur von SonnenKost zu leben. Sie werden überrascht sein, wie leicht Sie sich fühlen und wie gut es Ihnen geht. Es kann aber auch zu leichten Ausscheidungskrisen kommen, die verbunden sein können mit Kopfschmerzen, einem leeren Gefühl im Magen, verändertem Stuhlgang usw. Dies sind normale Erscheinungen bei Menschen, die übergewichtig oder auch sonst stark verschlackt sind. Lesen Sie dann »Fit für's Leben« oder andere Gesundheitsbücher wie zum Beispiel »Die schleimfreie Heilkost« von *Professor Arnold Ehret* oder »Richtige Ernährung mit natürlicher Nahrung« von *Dr. Herbert M. Shelton* oder »Willst Du gesund sein? Vergiß den Kochtopf« von *Helmut Wandmaker* oder das Buch »Gesundheit ist eßbar« von dem deutschen Arzt Professor *Dr. Möller*. Hier finden Sie die Gründe, warum es mitunter zu Umstellungsschwierigkeiten kommen kann und wie Sie damit fertigwerden. Kaufen Sie nach Möglichkeit Ihr Obst und Gemüse aus biologischem Anbau, am besten vom Bauern oder – noch besser – ziehen Sie sich Ihre Salate und Ihr Gemüse selbst im Garten. Wenn Sie auf Ihren Supermarkt angewiesen sind, so ist das hier erhältliche Obst und Gemüse für Sie immer noch viel besser als sogenannte »verfeinerte«, verarbeitete »Fabriknahrung«, die im allgemeinen einen viel höheren Schadstoffanteil enthält, da es sich dabei um konzentrierte Nahrungsmittel handelt. Ganz abgesehen davon sind »Fabriknahrungsmittel« überhaupt nicht mehr vollwertig, da durch die verschiedensten Verarbeitungsprozesse (Erhitzen, Bleichen, Schälen, Polieren, Konservieren) wichtige Vitamine, Enzyme und Mineralstoffe entzogen und oftmals synthetische Stoffe hinzugefügt worden sind.

Machen Sie einen Versuch mit SonnenKost – Ihrer Gesundheit zuliebe.

Ich wünsche guten Appetit!

Literaturhinweise

Dr. Paul C. Bragg
»Wasser – das größte Gesundheitsgeheimnis«

Harvey und Marilyn Diamond
»Fit für's Leben«, Teil I

Harvey und Marilyn Diamond
»Fit für's Leben«, Teil II

Harvey Diamond
»Unser Herz - Unsere Erde«

Marilyn Diamond
»Neue Eßkultur mit SonnenKost«

Viktoras Kulvinskas
»Überleben ins 21. Jahrhundert«

Manfred G. Langer
»Gesund werden - gesund bleiben mit SonnenKost«

Lebensmittelkombinationstabelle

Professor Arnold Ehret
»Die schleimfreie Heilkost«

Michael Lukas Möller
»Gesundheit ist eßbar«

Dr. Herbert M. Shelton
»Richtige Ernährung mit natürlicher Nahrung«

Dr. Norman W. Walker
»Frische Frucht- und Gemüsesäfte«

Helmut Wandmaker
»Willst Du gesund sein? Vergiß den Kochtopf!«

Rezept-Index

REZEPTE	SEITE

REZEPTE	SEITE

Stichwortverzeichnis

Diamond-Bücher

Harvey und Marilyn Diamond » **Fit für ´s Leben I** «
Gesund und schlank ein Leben lang.
Der in diesem Buch enthaltene Gesundheits- und Fitneßplan ist ein Muß für alle, die Probleme haben, eine strenge Diät durchzuhalten. Das Geheimnis der in » Fit für´s Leben « vorgestellten Kost heißt Ernährung in der richtigen Zusammensetzung, damit die natürlichen Verdauungszyklen ihre Arbeit leisten können. Wer diese einfache Methode befolgt, kann essen, was ihm schmeckt, und dabei nicht nur an Gewicht verlieren, sondern dieses Gewicht auch halten und sich dabei bester Gesundheit erfreuen. Dieses Buch enthält einen vierwöchigen Plan zur Gewichtsabnahme und zeigt, wie dieses Gewicht zu halten ist. Es bietet Menüs, Rezepte und Einkaufstips, die mehr Lebensmittel erlauben als je zuvor.

Harvey und Marilyn Diamond » **Fit für ´s Leben II** «
Gesund werden - gesund bleiben.
Dieses Buch geht auf alle Lebensbereiche ein, die neben einer natürlichen Ernährung zum Erhalt der Gesundheit wichtig sind. Und das umfaßt:
Frische Luft, richtiges Atmen, reines Wasser, Ruhe und Schlaf, Sonnenlicht, Bewegung (Yoga, Trampolin, Gymnastik), liebevolle Beziehungen, geistige Erneuerung.
Den Diamonds ist es gelungen, mit ihrem ersten Buch » Fit für ´s Leben « das Leben von Millionen von Menschen positiv zu verändern. » Fit für ´s Leben Teil II « behandelt alle Fragen einer ganzheitlichen Lebensweise.

Marilyn Diamond - » **Neue Eßkultur mit SonnenKost** «
Nach » Fit für ´s Leben I und II « werden Sie dieses Rezeptbuch willkommen heißen, das die Ernährungsgrundsätze der natürlichen Gesundheitslehre unterstützt, die dem » Fit für´s Leben-Programm « zugrunde liegen.
Dieses Buch macht es Ihnen leicht, Ihre Ernährung auf SonnenKost umzustellen, denn es enthält auch Rezepte für Übergangskost, so daß Sie sich auch langsam auf reine SonnenKost umstellen können. Hier finden Sie Rezepte für frische Säfte, Obstsalate, knackige grüne Salate, Suppen, Sandwiches und auch Festtagsmenüs, die obendrein nach Spaß bei der Zubereitung machen. Es werden keine Kalorien mehr gezählt. Mit diesem neuen Eßvergnügen essen Sie natürlich und gesund.
SonnenKost besteht aus sonnengereiftem Obst, sonnengereiften Gemüsefrüchten, Nüssen, Salaten und Samen sowie unter Sonnenlicht gewachsenen Salaten und Gemüse, die ganz frisch, allein oder in richtiger Kombination verzehrt werden.

Harvey Diamond » **Unser Herz - unsere Erde** «
Die drei wichtigsten Lebensvoraussetzungen - Luft, Wasser, Nahrung - sind gefährdet. Unser Planet Erde hält uns am Leben und doch befinden wir uns mit der Erde in diesem Moment auf Kollisionskurs. In dem Maße, wie wir die Bodendecke zerstören und vergiften, Bäume fällen, Luft und Wasser verschmutzen und andere Resourcen ausplündern, bemerken wir langsam die Auswirkungen, wie den Treibhauseffekt, die globale Erwärmung, Löcher in der Ozonschicht, Wasserknappheit usw. Die Umwelt auf unserer Erde ringt schon nach Luft und schreit um Hilfe. Wir spielen mit unserem Leben und das führt zu allen möglichen Krankheiten, insbesondere Herzerkrankungen und Krebs. Die Massentierhaltung ist dafür die Hauptursache, denn dadurch ist ein enormer Energieverbrauch notwendig, Wälder wurden und werden immer noch für die Aufzucht von Viehherden gefällt, der Mutterboden wird vergiftet und vom Wind fortgetragen, die CO_2-Belastung nimmt immer schneller zu, Luft und Wasser werden immer mehr belastet.
Dieses Buch zeigt aber auch auf, wie Sie sich vor Krankheiten schützen können und wie Sie dazu betragen können, daß unsere Umwelt nicht weiter zerstört wird und lebenswert bleibt.
Harvey Diamond ruft zu einem weltweiten vegetarischen Tag pro Woche, einem V-Tag, auf, damit auch Sie Ihr Herz vor Krankheiten und unsere Erde vor einem Zusammenbruch bewahren können.